Stb

Originalausgabe
Alle Rechte vorbehalten

ISBN 978-3-8434-3017-3

© 2012 Schirner Verlag, Darmstadt
1. Auflage Mai 2012

Umschlaggestaltung: Murat Karaçay, Schirner,
unter Verwendung eines Bildes von Marcel Dengel
Die Bilder im Buch stammen von der Autorin.
Redaktion: Barbara Rave, Schirner
Satz: Huma Shuab, Schirner
Printed by: OURDASdruckt!, Celle, Germany

www.schirner.com

Sabrina Dengel

Nanabuc –

Neugeburt ins eigene Leben

Das Leben schamanisch betrachtet

Für meinen Mann Marcel!

Mit seiner liebevollen Hartnäckigkeit brachte er mich zum Schreiben.

Inhalt

Warum schrieb ich dieses Buch?	9
Über die Autorin von Jeanne Ruland	17
Schamanismus, Magie und Zauberei – was ich darüber denke	23
Eine Erzählung, die mir mündlich überliefert wurde	27
Erkenntnisse · Rückschlüsse	29
Die Energie, das Blut, der Mensch	33
Der Ursprung der Reise	36
Wie alles begann	47
Erkenntnisse · Rückschlüsse	50
Vom Leben nach der Geburt	51
Übung – an deinem Urvertrauen arbeiten	55
Die Geschichte geht weiter	59
Erkenntnisse · Rückschlüsse	62
Weitere Jahre der Kindheit	67
Erkenntnisse · Rückschlüsse	72
Übung – den Übergang vom Kleinkind zum Kind gestalten	74
Eine Veränderung beginnt	79
Erkenntnisse · Rückschlüsse	87
Die Gutenachtgeschichte	90
Erkenntnisse · Rückschlüsse	94
Allergien und Unverträglichkeiten	95
Übung – alte Verletzungen heilen	98
Gesunde Grenzen	100

Die Liebe
und die Freiheit von Walter Kikelj 103
Erkenntnisse • Rückschlüsse 106
Die rollende Trollfamilie 107

Die Veränderungen nehmen Form an 119
Erkenntnisse • Rückschlüsse 134
Erwachsen werden –
der nächste Übergang 137
Rituale
für den Übergang in die Pubertät 138
Eine Geschichte aus dem Kindergarten 151
Wieso hat der liebe Gott so viele
verschiedene Gestalten? 152

Ein neuer Abschnitt beginnt 155
Erkenntnisse • Rückschlüsse 175

Die letzten Tage meiner Kindheit 179

Nachwort 185

Danksagung 188

Warum schrieb ich dieses Buch?

Auf meinem bisherigen Lebensweg habe ich viele Bücher zum Thema Schamanismus gelesen und auch viele Menschen kennengelernt, die Bücher darüber geschrieben haben. Warum soll es also noch ein Buch zu diesem Thema geben?

Mein Eindruck bei den Büchern, die ich zum Thema Schamanismus gelesen habe, war, dass alle diesen Bereich als getrennt vom Alltag und dem alltäglichen Leben thematisieren. In den Beschreibungen der Rituale und schamanischen Handlungen wird meist erst ein bestimmter Rahmen geschaffen oder ein bestimmter Ort aufgesucht, an dem dann ein Ritual vorbereitet wird. Für mich hingegen bedeutet schamanisches Arbeiten, eine tiefe Verbundenheit mit allem, was ich tue, zu haben – auch wenn natürlich hin und wieder zu bestimmten Anlässen erst ein entsprechender Rahmen geschaffen werden muss. Spiritualität kann eigentlich nur ganz oder gar nicht gelebt werden, denn sie ist das Leben an sich. Wir sind alle spirituelle Wesen.

Dieses Buch soll weniger eine wissenschaftliche Abhandlung über Schamanismus sein, sondern es geht eher um ein Infragestellen der weit verbreiteten Wochenend- und Freizeitritualmenschen. In den letzen Jahren haben die Esoterik im Allgemeinen und vor allem der Schamanismus einen unglaublichen Aufschwung erlebt. Schamanen sprießen wie Pilze aus dem Boden, und Ausbildungen werden bereits für jeden angeboten. Es gibt Schamanismus-Akademien, -Schulen und -Ausbildungszentren, in denen interessierte Menschen in kürzester Zeit zu fähigen Schamanen gemacht werden – natürlich gegen eine gewisse Summe Geld. Dabei wird außer acht gelassen, dass in den Kulturen dieser Welt, in denen heute noch eine schamanische Tradition lebendig ist, die Ausbildung zum Schamanen Jahre, zum Teil Jahrzehnte dauert. Zugegeben, auch ich unterrichte Menschen in schamanischen Praktiken, aber bei mir erhält niemand ein Diplom oder ein Abschlusszeugnis, das ihn oder sie zum Schamanen erklärt. Im Gegenteil, ich weise den interessierten Menschen schon beim Erstgespräch darauf hin, dass ich ihm zwar verschiedene schamanische Techniken beibringen kann, dass ihn dies aber noch lange nicht zu einem Schamanen macht. Viele Übungen und Rituale aus schamanischen Traditionen sind alltagstauglich und können tatsächlich von den meisten Menschen erlernt werden und vor allem zur Selbsterfahrung und Reflektion des eigenen Lebens genutzt werden. Um allerdings als Schamane agieren zu können, gehört vieles mehr dazu.

An erster Stelle steht dabei die Berufung aus der geistigen Welt. Des Weiteren ist ein wirklich gelebter schamanischer Lebensweg alles andere als einfach. Bei indigenen Völkern will den Job eines Schamanen selten jemand freiwillig übernehmen. Darum finde ich es umso erstaunlicher, wie viele Menschen sich hier bei uns vermeintlich zum Schamanen berufen fühlen. Es gibt, wie schon erwähnt, verschiedene Ansätze, die für den alltäglichen Gebrauch beinahe jedes Menschen geeignet sind, es gibt aber ebenso Aspekte des Schamanismus, die nur ein wirklich berufener Mensch ausüben sollte. Schamanismus hat nichts mit Krafttierkuscheln oder »alles ist Licht und Liebe« zu tun, ebenso wenig sind geführte Traumreisen oder Meditationen Inhalte eines schamanischen Weltbildes. Der schamanische Weg ist archaisch, uralt, kraftvoll und birgt auch einige Gefahren in sich.

Alles, was im Folgenden in diesem Buch zu lesen ist, sind meine ganz persönlichen Gedanken zum Thema Schamanismus. Ich bitte dich, während du dieses Buch liest, bei jedem Wort zu prüfen, ob es auch für dich und deine Lebenswirklichkeit Gültigkeit besitzt. Wie du im Laufe dieses Buches erfahren wirst, kann eine Kindheit wie die meine, eine Vorbereitung für einen schamanischen Lebensweg sein – sie muss es aber nicht! Viele Menschen mit einer ähnlichen Lebensgeschichte, leiden als Erwachsene unter Psychosen, Traumata und tiefen Verletzungen. Diese können aber überwunden werden, die Möglichkeiten dazu sind vielfältig, und oft gibt es auch sehr gute schulmedizinische Therapieformen, die eine Heilung ermöglichen. Im schlimmsten Fall kann eine Psychose durch die Anwendung von schamanischen Techniken, die unbedarft und ohne Begleitung vollzogen werden, sogar noch verstärkt werden. Das solltest du immer bedenken, wenn du dich dazu entscheiden solltest, einen schamanischen Weg einzuschlagen!

»Was einen Schamanen von einem ›Verrückten‹ unterscheidet, ist die Tatsache, dass der Schamane die Welten (Bewusstseinszustände) wissentlich und willentlich wechseln kann und vor allem aus diesen auch unbeschadet wieder zurückkommt.«

Wie du – so hoffe ich jedenfalls – beim Lesen dieses Buches feststellen wirst, durchlaufen wir alle in unseren Leben verschiedene Einweihungen. Ob wir diese nun bemerken oder nicht, ist gleichgültig, sie finden trotzdem statt. Eine Form der Einweihung ist der Übergang von einem Lebensabschnitt in den nächsten, also zum Beispiel vom Kind zum Jugendlichen oder vom Jugendlichen zum Erwachsenen. In unserer Zeit, in der westlichen Kultur werden solche Übergänge kaum noch beachtet, dadurch hat auch die Bedeutung von Einweihungen einen für mich verschobenen Sinn erhalten. Heute wird oft und viel von Einweihungen in unterschiedliche Traditionen gesprochen. Es hat mit der eigentlichen Bedeutung, nämlich dem Einweihen, dem Unterrichtwerden, dem Erhalten von Wissen und Weisheit durch Menschen, die bestimmte Erfahrungen schon gemacht haben, absolut nichts mehr zu tun. Als Überbleibsel einer Initiation in den nächsten Lebensabschnitt kann in unsere Gesellschaft, beziehungsweise in der katholischen Religionsgemeinschaft, die Kommunion oder die Firmung angesehen werden. Wer jedoch kennt oder interessiert sich heute noch für den wirklichen Hintergrund solcher Riten? Wenn man sich nun aber bewusst auf diesen Prozess der Einweihung in einen neuen Lebensabschnitt oder Lebensweg einlässt, kann man aktiv an dem, was geschieht, teilnehmen. Wenn man später irgendwann im Leben erkennt, dass es mehr als nur eine Realität gibt, ist es immer die richtige Zeit, um anzufangen, den eigenen persönlichen Weg zu gehen, mit all seinen Einweihungen und Erfahrungen –, völlig unabhängig von Alter, Status oder Situation. Die meisten Menschen, die sich auf ihrer Suche nach sich selbst oder auch nach »der Wahrheit« auf einen spirituellen Weg begeben, werden über kurz oder lang feststellen, dass es mehr als eine Realität gibt. Die christliche Realität ist eine andere als die buddhistische, die schamanische eine andere als die eines Atheisten –, welche die eigene ist und was diese alles beinhaltet, kann ich nur selbst herausfinden. Dabei ist es sehr wichtig, die Realität eines anderen Menschen zu achten und zu respektieren, denn jeder Mensch hat seine eigenen Erfahrungen und Erlebnisse, die wiederum das Muster seiner Realität weben. Selbstverständlich gibt es bei all diesen unterschiedlichen Realitäten Schnittstellen, die für fast alle oder zumindest sehr viele Menschen gelten. Dinge wie Autos, Computer und Fernsehen sind für viele von uns ganz real und normal, dennoch gibt es Menschen, auch heute noch, die so etwas noch nie in ihrem Leben gesehen haben, daher sind diese Dinge für sie keine Realität, bis sie sie sehen, erfahren und begreifen können. Die Natur ist auch eine Schnittstelle, sie ist eine Realität, die wir uns mit allen andern Lebewesen dieses Planeten teilen. Dennoch ist ein Apfel eine Frucht, die ein Amazonasbewohner in seiner ursprünglichen Umgebung nicht kennt, wir jedoch schon. Für uns ist sie real.

Ebenso gibt es Menschen, die geistige Reiche als real ansehen und Menschen, die mit Geistwesen kommunizieren und von ihnen Botschaften erhalten. Das sind Merkmale des Schamanismus. Für einen Schamanen sind diese geistigen Welten, die Spirits oder Geistwesen Realität, für viele andere Menschen sind diese Einbildung oder Humbug. Es gibt also die verschiedensten Realitäten, und allesamt haben ihre Richtigkeit. Und dann beginnt der Zauber des Lebens. Wenn ich an dem Punkt in meinem Leben angekommen bin, an dem ich beginne, die Welt, die mich umgibt, zu hinterfragen, dann beginnt das Abenteuer des Entdeckens vieler anderer Welten und Realitäten. Eine davon kann der schamanische Weg, das schamanische Weltbild sein.

An dieser Stelle möchte ich aber nochmals ausdrücklich darauf hinweisen, dass ich damit keinesfalls behaupten möchte, dass jeder, der seine Lebenserfahrungen aus der energetisch-schamanischen Sicht betrachtet und dabei Einweihungen oder Initiationen erkennen kann, auch die Berufung zum Schamanen, hat. Diese Berufung erfährt ein Mensch ausschließlich in den Anderswelten. Ein Mensch, egal welcher, kann Lehrer, Begleiter und Berater sein. Er kann viele Techniken lehren, aber er kann niemanden zum Schamanen machen. Das sind Aufgaben und Zuständigkeiten der Wesen aus den Anderswelten. Man kann Schamanismus nur betreiben, wenn man ihn auch lebt. Dies bedeutet aber keinesfalls die Flucht in die Einsamkeit eines Eremiten oder in die »Abgehobenheit« eines Gurus, sondern es bedeutet, die Verbindung des alltäglichen Schaffens mit einer geistig-spirituellen Lebensweise einzugehen. Schamanen leben innerhalb ihrer Gemeinschaft. Es könnte sogar gesagt werden, dass erst die Gemeinschaft durch ihre Akzeptanz den Schamanen zu dem macht, was er ist. Ein Schamane lebt mit und für sein Volk.

Ich werde in diesem Buch die Geschichte eines Mädchens erzählen. Dieses Mädchen kann jeder Mensch auf dieser Welt sein. Während ich seine Geschichte erzähle, werde ich dir immer wieder Hintergrundwissen und praktische Anleitungen bieten. In den Teilkapiteln »Erkenntnisse · Rückschlüsse« erläutere ich meine Sicht der energetischen Besonderheiten des jeweiligen Lebensabschnitts und stelle anschließend Rituale, Übungen und vieles mehr zur Begleitung durch diesen Lebensabschnitt oder zur Verarbeitung von Erlebnissen aus dieser Lebensphase vor. Alles, was ich in diesem Buch schreibe, stammt aus meinen eigenen Erfahrungen und meiner eigenen, persönlichen Arbeit. Die beschriebenen Rituale und Vorschläge kannst du für dich selber einsetzen oder aber auch zur Begleitung deiner eigenen Kinder durch die jeweilige Lebensphase nutzen. Die Energie, die Kraft oder die Quelle ist in jedem vorhanden und wirkt, ob ich mir dessen nun bewusst bin oder keinerlei spirituelles Interesse hege. Diese im Alltag zu erkennen und sinnvoll einzusetzen, ist für den Weg durchs Leben sicher eine gute Hilfe. Für deinen Lebensweg möchte ich dir ein paar Anregungen mitgeben. Nimm sie mit, wenn sie dir gefallen, verschenke sie, oder lasse sie einfach liegen, so, wie es für dich am besten passt.

Über die Autorin
von Jeanne Ruland

Sabrina Dengel ... wer ist das eigentlich? Ich möchte ein paar Worte über diesen wunderbaren Menschen sagen, denn ich habe das Glück, Sabrina persönlich zu kennen. Der Zufall wollte es so.

Unser Kennenlernen begann zunächst unauffällig, hintergründig, im stillen Verborgenen – genauso ist auch Sabrina. Wir saßen zufällig schweigend nebeneinander, feierten Rituale, beobachten unsere Kinder und hatten uns erst einmal nichts Wesentliches zu sagen. Trotzdem war damit der erste Faden unserer Verbindung gesponnen. Das Gefühl, das nach unserer ersten Begegnung bei mir hängenblieb, war Bewunderung für die Stabilität, die Selbstverständlichkeit und die Leichtigkeit im Umgang und im Verständnis mit der Anderswelt, die im alltäglichen Sein von Sabrina ausgingen.

Bei der nächsten Begegnung, die erneut unbeabsichtigt stattfand, spürte ich sofort eine große Freude, sie wiederzusehen. Wir saßen oft schweigend zusammen, lauschten den Worten der anderen und teilten tiefe Erfahrungen auf einem indianischen Sommercamp in der Eifel. Wenn Sabrina etwas erzählte, wurde ich sofort hellhörig. Irgendetwas an ihren Schilderungen berührte meine Seele ganz tief und begann, sie in feine Schwingungen zu versetzen. Durch die wunderbar klaren Schilderungen ihrer eigenen Erfahrungen wurde in meinem Inneren ein Ton ausgelöst, dessen Schwingung stärker wurde und sich auch in meinem Alltag fortsetzte. Fast unmerklich fand eine größere Veränderung in mir statt, nach der ich mich mit ihr stärker in Liebe verband.

Alle guten Dinge sind drei: Bei unserer dritten Begegnung begann unsere Verbindung, sich auch im Außen zu manifestieren. Wir unterhielten uns aktiv, unterstützten uns und forderten uns gegenseitig zum Tanz mit der Welt auf. Dies ist nur möglich, weil wir die Tanzschritte in unserer eigenen Welt, jede auf ihre Weise, kennen und unserer Führung vertrauen.

Bei dieser dritten Begegnung hatte ich das große Glück, an einer von Sabrinas Schwitzhütten teilzunehmen. Dabei beeindruckte mich besonders folgendes Erlebnis: Als die Tür zu gemacht wurde, rutschte die Decke im Osten herunter, und Licht schien herein. Als dies zum zweiten Mal passierte, begrüßte Sabrina die Spirits im Osten ganz besonders herzlich und lud sie liebevoll mit in den Kreis ein. Danach fiel die Decke nicht mehr herunter. Weder regte sie sich auf, wie ich es schon erlebt hatte, noch ging sie gegen die Kräfte vor. Nein, sie bezog sie einfach so, wie sie sich zeigten, mit ein. Diese Schwitzhütte war deswegen einfach besonders für mich.

Später lud sie mich und eine gemeinsame Freundin ein, in Österreich ein Seminar zu leiten. Das war für mich der Weg in ihr Reich, in das Reich ihrer Familie. Ich werde meinen ersten Eindruck nie vergessen. Wir bogen um eine Ecke, und ein Haus ganz besonderer Art strahlte unter all den anderen Häusern hervor. Ja, es lachte und leuchtete in einer besonders vitalen Energie. Wir fühlten uns sofort wohl und willkommen und waren beeindruckt von diesem eigenwilligen Schatz, der sich da vor uns offenbarte. Wir wurden von Familie Dengel und den Wesen der Anderswelt zeitgleich herzlich begrüßt. An diesem Ort konnte ich sofort spüren, dass beide Welten im Alltag miteinander verwoben waren und kreatives Potenzial sichtbar und unbeirrt in die Welt hinausstrahlte. Alles konnte in diesem Haus nebeneinander und selbstverständlich auch miteinander stattfinden, egal ob Kochen, Putzen, Yoga, Hausaufgaben, Seminare, Reisen, Reden über Alltägliches und nicht Alltägliches, alles war so willkommen, wie es sich gerade zeigte. Ich lernte Sabrina von einer anderen Seite kennenlernen. Sie war sehr fürsorglich und im Einklang mit dem Sein, in Liebe mit sich, ihrem Partner, ihren Kindern, ihren Freunden und Verwandten und den Menschen, die an der Haustür klingelten. In diesem weiten Raum fügte sich alles ein. Kinder waren genauso selbstverständlich mit beiden Welten verbunden wie die Erwachsenen. Helle und dunkle

Fäden webten ohne Bewertung und mit einem ordentlichen Schuss Brücken bauendem Schmunzelhumor einen bunten Lebensteppich. In diesem Haus gab es keine Trennung.

In Sabrina ruht eine tiefe Liebe zum Natürlichen. Sie verfügt über eine gute, instinktive Führung, die wie der Nordstern dem Menschen die Orientierung gibt, die er gerade braucht. Von ihrer Klarheit und der Fähigkeit, mit wenigen Sätzen das Wesentliche zu sagen, kann man viel lernen. Sie ist wie eine uralte schamanische Ader, die zu neuem Leben erwacht ist und etwas zu sagen hat, nämlich, dass jeder Tag ein neuer Anfang ist, dass die Welt sich immer noch formt und dass es sich deshalb lohnt, seinen Weg bewusst und aktiv zu gehen. Sabrina hat eine Unbeirrbarkeit und Kraft in sich, die es ihr nicht erlauben, sich manipulieren zu lassen. Wenn sie Nein empfindet, dann bleibt es auch ein Nein – genauso aber auch umgekehrt. Sie folgt ihrem Weg aus sich heraus. Sie spricht die Wahrheit aus ihrem Herzen und bringt damit die Wahrheit in den Herzen ihrer Mitmenschen zum Schwingen. Sabrina verfügt über eine Weite und eine Tiefe und einen Raum, aus dem heraus sich die Dinge im Jetzt formen können. Man kann sie in keine Schublade stecken und auch nicht zuordnen oder etikettieren, man kann nur versuchen, sie zu beschreiben, ihr zuzuhören und sich von dem, was das Jetzt in ihr formt, berühren lassen.

Dieses Buch, das du jetzt in der Hand hältst, wird dir einen Blick in die Tiefe der Seele eröffnen. Ich kann dir nur empfehlen, dich im Herzen davon berühren zu lassen. Ein Zauber, wie nicht von dieser Welt und doch tief verwurzelt in dieser Welt, wird im Umgang mit dem, was ansteht, eine Brücke zwischen Alltag und dem nicht Alltäglichen bauen.

Ich bin froh, dass es Menschen wie Sabrina gibt. Ich habe von ihr auf unterschiedlichste Weisen viel gelernt. Noch glücklicher bin ich darüber, dass sie sich jetzt bereit macht, ihren schamanischen und ihren alltäglichen Weg mit allem, was dazu gehört, der Welt mitzuteilen. Damit zeigt sie den Menschen einen Weg, Alltag und nicht Alltägliches, Erwachsene und Kinder, Hell und Dunkel, Haushalt und Schamanismus im Leben miteinander zu vereinen, anstatt diese Dinge zu trennen und dadurch in einen innerlichen Konflikt zu geraten.

Ich freue mich schon sehr auf ihr Buch.

Jeanne Ruland

Schamanismus, Magie und Zauberei –

was ich darüber denke

Schamanismus ist das **Be-greifen** von Leben,

das **Wahr-nehmen** von allem, was ist,

das **Er-kennen** der Vielfalt der Welten.

Sabrina Dengel

*I*m Weiteren werde ich der Einfachheit halber für die drei Bereiche Schamanismus, Magie und Zauberei nur den Begriff »Schamanismus« verwenden. Dieses Wort kommt ursprünglich aus dem sibirischen Sprachraum. Die Wurzeln des Schamanismus selbst sind sehr alt. Wissenschaftler sprechen von bis zu 40 000 Jahren. Es ist somit eines der ältesten »Heilwerdungssysteme« der Menschheit. Schamanismus ist keine Religion, auch wenn auf den ersten Blick mit religiös wirkenden Dingen und Handlungen gearbeitet wird. Aber Menschen aller Glaubensrichtungen können sich mit dem Thema beschäftigen.

Heute werden unter dem Begriff »Schamanismus« verschiedenste Bereiche des energetischen, magischen und schamanischen Arbeitens zusammengefasst. Er ist weltweit so etwas wie ein Codewort, um bestimmte Tätigkeiten zu umschreiben. Darunter fallen zum Beispiel Handlungen, bei denen mit den Spirits, den geistigen Verbündeten, gearbeitet wird, schamanische Trance, das Reisen in andere Welten/Realitäten, wobei der Schamane in der Regel immer von »Welten« sprechen wird. Diese Reisen werden in fast allen Kulturen durch Rhythmusinstrumente begleitet.

Leider gibt es immer häufiger einen Missbrauch des Begriffes »Schamanismus«. Wenn jemand Reiki macht, ein Channel-Medium ist oder Bongos spielt, hat das mit Schamanismus nichts zu tun. Jemand der Bioresonanztherapie oder Geistheilung anbietet, ist in der Regel auch kein Schamane. Ebenso wenig sind geführte Fantasiereisen oder Meditationen traditionelle schamanische Praktiken. Dennoch finden sich mittlerweile im Internet unzählige Seiten, die mit den Bezeichnungen »Schamane« oder dem Begriff »Schamanismus« werben, aber bei genauerem Hinsehen wird doch etwas ganz anderes angeboten. Es macht also Sinn, genau zu schauen und zu prüfen, wenn ich jemanden suche der wirklich Schamanismus lebt. Viele Menschen sagen, dass es in Mitteleuropa keinen Schamanismus geben kann, weil es hier nie Schamanen gab. Das kann historisch betrachtet schon richtig sein, aber die Schamanen hatten bei uns einfach andere Namen. Heute kann in Mitteleuropa natürlich kaum noch ein Schamane dieser Tradition gefunden werden. Dennoch gab es auch in unseren Breitengraden immer Schamanen. Bei den Samen (Ureinwohner Nordskandinaviens) gab und gibt es Noaiden (wie zum Beispiel Ailo Gaup), bei den germanischen Völkern gab es Haguzzas und Magier, und es gab sogenannte Seidhr (sich zum Sieden bringen), weiße Frauen, Kräuterweiblein, Orakel, Astrologen und vieles mehr. In abgelegenen ländlichen Gegenden gibt es auch heute noch Menschen, die Kranke »gesundbeten«. Dies ist im Grunde genommen auch eine Form des schamanischen Arbeitens.

Bestimmt argumentieren auch viele, dass bei uns die klassischen Einweihungen und Initiationsriten fehlen, die ein Schamanenschüler in anderen Kulturen durchlaufen muss. Das ist richtig. Begibt sich ein Mensch jedoch auf den schamanischen Weg, so wird dieser auch bei uns seine Initiationen durchlaufen müssen, je nachdem, bei wem er sich in die Lehre begibt. Ebenso bin ich der Meinung, dass auch wir hier in Mitteleuropa Einweihungen erhalten. Diese können wir aber oft nicht als das erkennen, was sie sind, nämlich Einweihungen und Initiationen in einen neuen Lebensabschnitt oder einen neuen Lebensweg. Durch sie werden wir mitunter aufgefordert, stehen zu bleiben, uns und unseren eingeschlagenen Weg zu überdenken oder uns neue Ansätze und Pfade zu suchen. Wir haben jedoch verlernt, solche Hinweise zu erkennen.

Ein sehr lieber Freund von mir erkrankte als junger Mann an Epilepsie. Diese Krankheit raubte ihm beinahe sein Leben. Erst als er sich nach langem Zögern auf einen neuen Weg einließ, verschwand diese »Krankheit«. In verschiedenen Völkern gilt Epilepsie als »Berufungskrankheit« – also als ein Zeichen aus der Geisterwelt. Ich selbst hatte im Alter von 21 Jahren ein Nahtoderlebnis bei einem Autounfall. Dabei brach ich mir das Genick – wortwörtlich. Der Wirbel C7 war der Länge nach gespalten, keiner der Ärzte konnte verstehen, warum ich nicht gelähmt war beziehungsweise warum ich überhaupt noch lebte. Ich verweigerte eine Operation und lag vier Monate vom Kopf bis zum Nabel in Gips. Die Zeit, in der ich nach dem Unfall bewusstlos war, ist mir noch gut in Erinnerung. Ich bekam den Auftrag, mein Leben zu ändern und den Weg zu gehen, auf dem ich mich heute noch befinde.

Sicher sind diese Erlebnisse anders als in traditionellen Kulturen. Ihre Intensität und ihre Wirkung stehen diesen jedoch in keiner Weise nach. Das Problem ist, dass solche Einweihungen oft nicht erkannt werden und deshalb mit ihnen auch nicht entsprechend umgegangen wird. Wir haben vergessen, woran wir sie erkennen können. Dem Menschen im Stamm einer typischerweise Schamanismus praktizierenden Kultur wird bei einer Einweihung erklärt, was passiert. Er wird auf seine Initiationen vorbereitet. Dies gilt für all diejenigen, die in schamanische Traditionen eingeweiht werden, ebenso wie für alle anderen Menschen innerhalb des Stammes. Die Initiationen unterscheiden sich, aber jedem wird erklärt, worum es geht, was passiert und was im nun folgenden Lebensabschnitt passieren wird. Genau dies ist unter anderem Aufgabe der Schamanen und weisen Frauen und Männern in einer solchen Gemeinschaft. In unserer Gesellschaft passiert das nicht, in erster Linie, weil sich niemand mehr daran erinnert, dass es solche Einweihungen gibt.

Eine Erzählung, die mir mündlich überliefert wurde

Irgendwann, vor langer Zeit, trafen sich sieben Blinde, die auf der Suche nach dem Sinn und der Richtigkeit des Lebens waren. Sie beschlossen nach und nach, ihren Weg gemeinsam weiterzugehen. Viele Tage und Nächte halfen sie sich gegenseitig mit ihren verbliebenen ausgeprägten Sinnen, den Weg gut und sicher zu gehen. Einer konnte besonders gut riechen und erkannte dadurch viele Kräuter und essbare Pflanzen. Ein anderer konnte besonders gut hören und erkannte dadurch Gefahren und fand Wasser in großen Entfernungen. Ihr Weg führte sie durch weite Landschaften, tiefe Schluchten und Berge, bis sie eines Tages eine Gegend erreichten, in der weise, alte Menschen gemeinsam lebten.

Sie wurden von diesen herzlich aufgenommen und zum Bleiben eingeladen. Sie erzählten von ihrer langen Wanderung, ihren Abenteuern und ihrer Suche nach dem Wissen, dem Leben und nach der Gesamtheit, der Quintessenz aus allem, was ist. Die weisen Menschen aus dem Dorf schlugen den sieben Blinden vor, an einer Zeremonie teilzunehmen. Diese willigten freudig ein. Sogleich wurde für den nächsten Tag eine Zeremonie organisiert, bei der die sieben Blinden Erkenntnis gewinnen sollten.

Am nächsten Tag wurden sie in einen Park geführt. Anschließend forderte man sie auf das, was vor ihnen stand, anzufassen und zu beschreiben. Die Sieben taten, wie ihnen geheißen. Jeder von ihnen ging mit ausgestreckten Armen nach vorne, und als sie etwas berührten, betasteten sie es. Dabei berichteten sie von ihren Wahrnehmungen.

Der Erste erzählte: »*Ich fühle so etwas wie eine große Säule,* *dick, stämmig, warm, es ist wie ein Baum, der in der Sonne steht, ein großer starker Baum.«*

Der Zweite meinte dazu: *»Nein, das kann nicht sein, ich spüre so etwas wie einen Pinsel, einen großen biegsamen Pinsel mit feinen langen Haaren daran!«*

Der Dritte widersprach: *»Ich fühle etwas Riesiges und Dünnes, es ist fein wie Segeltuch und auch so weich, und es flattert im Wind.«*

Der Vierte rief: *»Aber nein, ich fühle eine große Decke, die sich über mir wölbt wie in einer Höhle oder einem Tempel. Sicher und wohl fühle ich mich hier!«*

Der Fünfte schüttelte den Kopf und sagte: *»Ich fühle einen zarten Beutel. Er ist wie ein Brunnen, denn süße Milch fließt heraus, es ist ein Paradiesbrunnen hier in dieser warmen Gegend!«*

Der Sechste erzählte: *»Ich fühle etwas Weiches, was sich bewegt. Es ist wie eine große Schlange, aber nicht glitschig, eher trocken und mit Falten, vielleicht ein großer Wurm oder eine Raupe.*

Der Siebte wurde hochgehoben und sprach: *»Ich fühle, dass ich getragen werde – stark, kräftig, warm, liebevoll und behütet. Sagt ihr Weisen, was ist das für ein Wunderding, das ihr uns erfühlen lasst?«*

Die Weisen sprachen: *»Nun, eure Frage war die nach der Wahrheit und dem Sinn des Lebens. Hier ist nun unsere Antwort an euch: Ihr habt alle zusammen eine Elefantenkuh beschrieben. Ein Tier, das es da, wo ihr herkommt, nicht gibt. Ihr seid auf eurer Suche aus eurer Heimat in Europa bis hierher zu uns nach Asien gereist, um zu lernen, dass es Dinge gibt, die beschrieben werden können, aber doch wieder jedem seine eigene Wahrheit schenken.*

Alle Wahrheiten zusammen ergeben wiederum ein anderes Bild des Beschriebenen: Der Baum ist der Fuß der Elefantenkuh, der Pinsel ist ihr Schwanz, das Segeltuch sind die Ohren, der Tempel ist der Bauch, der Brunnen sind die Zitzen, der Wurm ist der Rüssel und der siebte von euch sitzt oben auf dem Rücken der Elefantenkuh.«

Erkenntnisse · Rückschlüsse

Alle haben ihre Sinne bemüht, dennoch blieb es bei der Beschreibung ihres Sichtfeldes, eben dem, was sie mit ihren Sinnen gerade erfahren konnten. Gemeinsam konnten sie ein Stückchen des Geheimnisses lüften, weil sie sich ihre Eindrücke gegenseitig vermittelten. Das Gesamte jedoch werden sie nie erfassen können, weil es immer weitergeht. Jede Minute, jede Sekunde geht es weiter, es lernt, lebt, heilt, verletzt, trauert, feiert, dankt, bittet, öffnet die Augen und schaut weg – die Unendlichkeit des Seins, das Leben. So wie mit den sieben Blinden dieser Geschichte verhält es sich meiner Meinung nach auch mit dem Schamanismus. Schamanismus ist etwas, was ich mit meinen Sinnen erfahren kann, jedoch in seiner Gesamtheit wohl kaum je erfassen werde. Es gibt genauso viele Wege und Möglichkeiten das Leben zu leben, wie es Wesen gibt, die leben. Jedes dieser Wesen erfährt seine Welt auf einzigartige und unvergleichliche Art und Weise. Und jedes dieser Wesen ist in seinem Ursprung ebenso einzigartig und unvergleichlich.

Wenn ich nun alle Bücher dieser Welt zu diesem Thema lesen würde und alle Seminare, die angeboten werden, besuchen würde, würde ich ebenso viele verschiedene Möglichkeiten von praktischem Schamanismus kennen. Für mich selbst ist es viel wichtiger, den Weg, der mir entspricht, zu finden. Und dabei sind der Alltag, das, was mir Spaß macht und das, was mir Mühe bereitet, wesentlich wertvollere Begleiter als so manche Seminarleiter. Etwas, was für mich in der schamanischen Arbeit von absoluter Wichtigkeit ist, ist sicherzugehen, dass mein eigenes Denken, mein Ego – oder wie auch immer es genannt wird –, bei der Arbeit zurücktritt und der Kraft, der Quelle, Platz macht. Man sollte immer bedenken, dass Gedanken wie: »Ich bin ein Heiler«, »Ich kann dich magisch befreien« und andere während der schamanischen Arbeit verhängnisvoll sein können. Ich muss mir stets bewusst machen, dass ich nur ein Gefäß, ein Kanal für die Kräfte sein darf, die durch mich wirken. Die Kraft zur Wandlung kommt keineswegs von mir persönlich. Ich bin auch nicht in der Lage, jemanden zu heilen. Wenn Heilung geschehen darf, dann nur durch die »Hände« der Schöpferkräfte. Jeder sollte sich stets bewusst sein, dass er immer mit der Kraftquelle verbunden ist, allein schon deshalb, weil er lebt. In der Summe ist Schamanismus für mich ein Weg von vielen, mit dem Menschen lernen können, mit der Schöpfung und den Welten heilsam und gemeinsam ihr Leben zu gestalten; jeder auf seine eigene einzigartige Weise.

Jeder Bereich des Lebens ist für mich schamanisch: Es gibt Übergänge im Leben wie die Zeugung, die Geburt, die Pubertät, das Alter, der Tod, aber auch Beruf, Lebensumfeld, alltägliche Begegnungen und Handlungen zähle ich dazu und ebenso Rituale, die oft gar nicht als solche wahrgenommen werden.

Die Energie,
das Blut,
der Mensch

Wenn ich mich genauer mit dem Schamanismus beschäftige, werde ich bemerken, dass sehr oft von Energie die Rede ist. Man spricht zum Beispiel von Energiearbeit, Energieübertragung, Energievampiren, Vitalenergie, Lebensenergie und vielem mehr. Woher kommt diese Energie, und was hat sie mit uns zu tun?

Der Ursprung allen Lebens ist Energie, reine Energie, die sich in der Materie verfestigt. So gesehen ist alles, was lebt, alles, was ist, in seinem kleinsten Teil einfach pure Energie. Somit sind du und ich eben auch reine Energie. Woher diese kommt, ist wohl das große Geheimnis der Schöpfung, aber dass sie vorhanden ist, ist unumstritten. Wenn wir uns bewusst werden, dass alles einschließlich uns Energie ist, können wir natürlich jederzeit Energie formen, weiterleiten, verändern und noch vieles mehr. Damit ich bewusst mit dieser Energie arbeiten kann, muss mir allerdings klar werden, dass ich Energie bin. Sobald mir das klar ist, wird mir auch sehr bald klar, dass alles, was mich umgibt, auch Energie ist. Die Menschen, die Pflanzen, die Tiere, alle entstammen demselben Ursprung. Über die Energie, aus der ich geformt wurde, bin ich mit allem verwandt, was ist und lebt. Wir sind also alle eine sehr große Familie. Alle Wesen dieses Universums sind Teil unserer Familie. Sie sorgen für uns, begleiten uns und lehren uns. Eine meiner Aufgaben als Mensch ist es, dasselbe auch für sie zu tun in Respekt und Achtung vor dem Leben anderer. Dies gilt für alles, was lebt.

In besonderer Art und Weise bin ich mit meinen Mitmenschen verbunden. Egal welche Herkunft, Hautfarbe oder Religion ein Mensch hat, in den Adern jedes Menschen fließt dasselbe Blut wie in allen anderen Menschen. Irgendwann einmal gab es ein Urmenschenpärchen. Wann es dieses gab und wer es war, ist weniger wichtig. Beachtenswert ist vor allem, dass alle Menschen, die je gelebt haben, die jetzt leben oder die noch leben werden, dasselbe Urmenschenblut in sich tragen. Dieses verbindet uns, zusätzlich zu der Energie, noch auf eine besondere Weise mit unseren Mitmenschen. Dieses Blut verbindet mich mit dem Kollektiv meiner Art – den Menschenwesen.

Über den roten Faden, dieses Blut, kann ich zurückgehen bis zum Beginn der Menschen. Alle Informationen und alles Wissen, das es gibt, sind in ihm enthalten. So gesehen kann ich alles, was ich für mich an Wissen brauche, allein durch die Beschäftigung mit meinem Körper, meinem Geist und meiner Seele erfahren.

Durch meinen freien Willen bin ich in der Lage, Energie für mich nutzbringend einzusetzen. Fühle ich mich zum Beispiel müde und erschöpft, kann ich mich mithilfe von Energieübungen wieder »füllen und auftanken«. So etwas sollte immer über frei zugängliche Energiequellen gemacht werden und niemals indem einem anderen Wesen Energie entzogen wird. Frei zugänglichen Energiequellen sind zum Beispiel die Natur, Wasser, Erde, Sonne und alles, was einem Freude macht. Fühle ich mich besonders oft erschöpft und leer, sollte ich darauf achten, ob vielleicht etwas in meiner Umgebung mir Energie entzieht. In einem solchen Fall kann ich versuchen, Situationen oder Menschen, die mich energetisch auslaugen, auszuweichen.

Der Ursprung der Reise

Diesen Abschnitt möchte ich mit einer Geschichte beginnen, die mir per E-Mail »geschenkt« wurde. Der Autor ist mir leider unbekannt. Sollte er dies hier aber lesen, würde ich mich freuen, wenn er sich bei mir meldet.

Unser Universum wurde von einer höheren Macht erschaffen. Es ist die absolute schöpferische Kraft und Energie des »ALLES, WAS IST«. Es ist die Energie, die manche von uns – Gott, das Licht – nennen.

Vor langer, langer Zeit war der Tag, an dem sich Gott in der Weite des Raums sehr einsam fühlte. Und weil die Kraft des Erschaffens in seinem Denken begründet liegt und weil Gott sich Gleichgesinnte wünschte, erschuf er durch seine Wünschen Wegbegleiter. So entstand das Leben, der Gottesfunken in den Universen. Die neu geschaffenen Seelen, die Kinder des Schöpfers, besaßen dieselben Schöpferkräfte, trugen dieselbe Liebe, dieselbe Weisheit, dasselbe allumfassende Wissen, dieselbe Urteilskraft und dasselbe Mitgefühl wie ihr Vater in sich. Und genau wie ihr Schöpfer besaßen sie einen freien Willen. In den Universen herrschten Freude, Heiterkeit, tiefe Liebe und Gelassenheit. Sie waren damals wie unerfahrene Kinder, und in so mancher Seele keimte nach und nach der Wunsch auf, dem allmächtigen Schöpfer an Weisheit und Allwissenheit nachzueifern. Denn sie besaßen zwar das gesamte Wissen, doch hatten sie es niemals selbst erfahren. Schließlich machte sich eine Seele auf den Weg zum Vater.

Sie schaute ihn bittend und liebevoll an und fragte: *»Vater, wie kann ich so allumfassend allwissend werden wie du?«*
Gott antwortete: *»Mein lieber Begleiter, um allwissend zu werden, wie ich es bin – o, wie wunderbar wäre das – musst du ALLES erfahren. Du musst dich durch alle Dimensionen,*

durch alle Entwicklungsstufen des Lebens hindurchbewegen, sodass du das ALLES, WAS IST, in dir erfährst und trägst – so, wie ich es tue.«
Seele: *»O, wie wunderbar. Ich will mich auf den Weg machen. Ich will dir gleich und ebenbürtig werden.«*

Es kamen weitere Seelen hinzu, die diesem Gespräch gelauscht hatten und die denselben Wunsch hegten. Damit begann der Weg der Evolution. Die »Embryos« Gottes durchlebten viele Ebenen des Seins und kehrten immer wieder zu ihrem Schöpfer zurück. Nachdem schon viele Ebenen durchlebt und erfahren worden waren, kamen die Geschöpfe zurück. Sie erfreuten sich wieder an der Herrlichkeit im Glanz des Lichts und auch an ihrem neuen Wissen. Doch nach einiger Zeit brach unter ihnen wieder Wissensdurst aus. Die Seelen wollten weiterwachsen.

Eine Seele fragte eines Tages: *»Was ist das für ein sonderbarer blauer Stern?«*
Gott antwortete: *» O, das ist ein neues Experiment, ein neuer Planet. Ich habe ihn Erde genannt. Dort haben sich Wesen entwickelt, die ich Menschen nenne. Sie sind ohne Bewusstheit, ohne eine Seele, die mich kennt. Die Erde ist eine physische und eine viel schwerere Ebene, als ihr sie je erfahren habt. Aber es gibt dort Blumen, Berge, Bäume, Gewässer, Tiere und eben Menschen, doch keiner von ihnen hat je das Licht des Vaters gesehen.«*
Seele: *»Vater, das klingt wunderbar. Was sind Tiere, Pflanzen und das alles? Wir Seelen müssen dorthin. Wir wollen lernen, auf diesem Stern zu leben, und diesen Tieren und Menschenwesen, die doch auch deinen Atem in sich tragen, unser und dein Licht in die Schwere ihres Daseins bringen.«*
Gott: *»Das ist nicht so einfach, denn ihr seid Licht, reinste Schwingung und göttliche Energie. Wenn ich euch dorthin lasse, braucht ihr Körper, und in der Enge des physischen Gehäuses werdet ihr vieles vergessen – vielleicht sogar euer Licht, euren Schöpfer.«*
Seele: *»Was ist ein Körper?«*

Gott: »Kommt, ich zeige es euch. Schaut euch dort im Spiegel den Menschen auf der Erde an. Das ist ein Körper. In diesem Körper ist eine Seele gut aufgehoben, aber leider auch tief im Inneren versteckt. Schaut hinab auf den Planeten. Dort bewegen sich die Menschenwesen. Sie haben Körper und genauso werdet auch ihr welche haben.«

Seele: »Haha! Das sieht komisch aus. Aber es klingt so spannend, Vater, wir wollen das erleben, wir wollen es lernen, und wir wollen dein Licht in den Menschen sichtbar werden lassen.«

»Ich auch, ich komme auch mit!« riefen andere Seelen abenteuerlustig und lernbegierig.

Gott: »Dort auf der Erde gelten andere Gesetze als hier. Das wichtigste Gesetz lautet: Der Stärkere überlebt. Außerdem müsst ihr eure Körper ernähren und pflegen, und wenn es kalt wird, müsst ihr sie kleiden. Andere Menschen werden euch verfolgen, weil ihr anders seid. Wieder andere werden euch anbeten. Ihr werdet Krieg, Entbehrungen, Not, Schmerz, Wut, Habsucht, Hochmut, Machtstreben und Geiz erfahren, doch vor allem Einsamkeit und Sehnsucht nach mir und Sehnsucht nach einem Zuhause, an das ihr euch nicht erinnern könnt, kennenlernen. Ihr werdet lange Zeit von mir entfernt sein müssen.«

Seele: »Was ist das alles? Was ist Zeit? Was bedeuten diese Worte, die du da sprichst? Du weißt so vieles mehr als wir, und wir haben noch nie von solchen Dingen gehört. Aber wir möchten alles wissen, was du weißt.«

Gott: »Meine Schöpfung dort unten ist wunderschön anzuschauen. Doch ihr werdet euch ganz, ganz weit von mir entfernen. Ihr werdet genau das Gegenteil vom dem erfahren, was hier oben bei uns selbstverständlich ist.«

Seele: »Das Gegenteil? Was ist ein Gegenteil?«

Gott: »Ich kann euch nicht erklären, was ein Gegenteil ist oder was Schmerz, Angst und Rache sind. Doch werdet ihr dort unten von diesen negativen Dingen belastet werden. Und das Gesetz der Erde lautet, dass ihr erst dann wieder zu mir zurückkehren könnt, wenn ihr euer wahres Licht dort unten leben könnt.«

Seele: »*O Vater, wie kannst du nur glauben, dass wir uns weit von dir entfernen würden? Wir sind wunderschön, wir sind du, wir sind doch in dir, und du bist in uns. Wir würden doch niemals etwas tun, was uns von dir entfernen würde. Wir sind untrennbar miteinander vereint. Wir wollen doch nur lernen. Lass uns gehen. Wir wollen doch nur eines: Wir wollen sein wie du, damit wir gleichwertige Partner sein können.*«

Gott: »*Meine lieben Seelen, wir werden immer vereint bleiben, doch dies werdet ihr dort unten vergessen. Ihr habt einen freien Willen. Ich kann und werde euch nicht aufhalten. Doch gebt auf euch acht. Es gibt dort unten das Karmagesetz. Ihr werdet auf der Erde dem Kampf ums Überleben ausgesetzt sein. Das ist das Gesetz. Wenn ihr euch dabei mit schlechten menschlichen Eigenschaften befleckt, könnt ihr nicht in meine Energie zurückkehren. Jetzt seid ihr vollkommen, denn ihr seid hier mit mir. Doch wenn ihr nicht mehr vollkommen seid, dann gibt es kein Zurück mehr für euch, bis ihr gelernt habt, eure Negativität zu überwinden und das Licht in euch selbst wiederzufinden. Ihr habt euren freien Willen, und wenn ihr euch für den Weg auf die Erde entscheidet, dann müsst ihr die Verantwortung für eure freie Entscheidung übernehmen. Ihr werdet mich für herrisch, ungerecht und rachsüchtig halten. Ihr werdet mich hassen, mich verfolgen und mich ablehnen, weil ihr nicht zu mir zurück dürft. Glaubt mir, Seelen, ihr habt deswegen jetzt schon mein Mitgefühl. Aber die dunkle Seite der Schöpfung in diesem Universum der Dualität kann neben mir hier im Licht nicht existieren. Sie ist nur eine Illusion, eine Prüfung. Ihr würdet hier verglühen. Darum kann und darf ich eure Rückkehr erst erlauben, wenn ihr euch selbst gereinigt habt, frei seid von Karma und klar in euch selbst ruht. Alles andere wäre Strafe für die Ausübung eurer freien Wahl. Und so etwas ist der Liebe zu meiner Schöpfung fremd.*«

Seele: »*Ach Vater, du übertreibst. Wir kommen ganz schnell wieder zu dir zurück.*«

Gott: »*Okay, euer Wille geschehe. Doch bevor ihr geht, erinnert euch daran, dass ihr Körper bekommen werdet. Diese Körper werden sterben, und dann werdet ihr euren Körper verlassen müssen.*«

Seele: »*Sterben, verlassen? Was ist das, und wohin werden wir gehen? Wir kommen selbstverständlich zu dir zurück, wenn wir dort unten nicht mehr bleiben können.*«

Gott: »*Nein, nein, mein Kinder, erinnert euch daran, was ich eben gesagt habe. Ihr müsst erst auf unterschiedlichen Ebenen lernen, und ihr werdet euch in einem körperlosen Zustand befinden, bevor ihr einen neuen Körper erhaltet. Das wird dann Inkarnation genannt. Ihr werdet euer Karma erlösen müssen, bevor ihr zu mir zurückkehren könnt. Ihr werdet immer wieder einen neuen Körper erhalten und so viel Zeit, wie ihr benötigt, um karmisch aufzusteigen und euch hierher auf unsere Ebene emporzuschwingen.*«

Einige Seelen wurden nachdenklich. Sie wollten das Risiko, sich so weit von ihrer Quelle zu entfernen, lieber nicht eingehen. Gott freute sich darüber, dass er nicht für lange, lange Zeit ganz allein in den Weiten des Universums zurückbleiben und in Einsamkeit, getrennt von seinen Lieben, voller Trauer, das Unvermeidliche miterleben musste. Die Seelen, die zurückblieben, nennen wir heute Engel.

Gott sagte zu den Seelen: »*Einige von euch haben sich entschieden, hier bei mir zu bleiben. Ihr übrigen, die ihr dort hinuntergeht, seid tapfer und mutig. Ihr werdet mir nach eurer Rückkehr – egal wie lange es bis dahin dauert – durch euer Wissen und eure Erfahrungen sehr viel näher sein als heute und auch näher als eure Mitbrüder, die bei mir bleiben werden. Darum schlage ich Euch ein Abkommen vor: Die Seelen, die bei mir bleiben, werden sich um euch kümmern. Sie werden ausgebildet zu Engeln, Schutzengeln, spirituellen Begleitern und spirituellen Meistern. Sie werden euch immer wieder an das Licht, das Ihr seid, erinnern. Das gilt auch für diejenigen, die zurückkommen, solange noch andere Seelenanteile auf der Erde leben. Jeder von euch hat eine Individualseele, das seid ihr als Ganzes, Inkarnieren werden Vitalseelen von dieser Individualseele, sie sind wie kleine Perlen, die manchmal gleichzeitig, manchmal aber auch zu verschiedenen irdi-*

schen Zeiten einen Körper bewohnen werden, um Erfahrungen zu machen. Diejenigen Vitalseelen, die ihre Erfahrungen abgeschlossen haben, werden zu mir zurück kehren, die anderen Vitalseelen eurer Individualseele verbleiben so lange in der Dimension der Menschen, bis auch sie ihre Erfahrungen zur Gänze durchlebt haben. Die Seelen, die hier oben bleiben, werden euch führen und leiten, wenn ihr es ihnen erlaubt. Die aber, die unten leben, werden ihre Erfahrungen an diese spirituellen Begleiter und Meister weitergeben. Dadurch wird am Ende, wenn wir alle wieder hier in unserem Zuhause vereint sind, der Entwicklungsstand aller Seelen gleich sein. Dann werden wir ein Fest feiern, hier in den Himmeln des Universums, und wir werden gemeinsam Neues und Wundervolles erschaffen.«

Die Seelen, die hinunter auf die Erde wollte, antworteten:
»Wir wollen uns dort unten doch nur ein wenig umschauen. Das wird schon nicht so schlimm werden. Und allzu lange kann es auch nicht dauern. Wir sind ganz bestimmt bald wieder bei dir, Vater. Denn wir können doch gar nicht so lange ohne dich sein.«

Gott: »Nun gut, meine Kinder. So sei es. Euer Wille geschehe, euer Wille wird immer geschehen, weil dies eure wahre Natur zeigt. Ihr werdet entscheiden, was ihr erfahren wollt, und ich werde niemals, zu keiner Zeit in euren freien Willen eingreifen. Doch was immer auch geschieht, vergesst nie: Ich und meine Abgesandten sind immer bei euch, um euch auf den rechten Weg zurückzuführen. Ihr müsst uns nur hören. Ihr werdet dies hier vergessen und glauben, ich hätte euch verlassen, doch werde ich immer und ewig bei euch sein. Auch und gerade dann, wenn ihr es nicht spüren könnt.«

Das ist die Geschichte des Anfangs. So leicht und unbeschwert trennten wir uns von unserem Gott, von der Schöpferkraft. Wir spielen nun unser Spiel. Wir suchen in allen Teilen der Welt und des Weltraums nach Gott und vergaßen für lange Zeit, dass wir Gott, das Licht tief in uns selbst vergraben hatten. Wir versuchen immer noch, zu unserem Schöpfer zurückzukehren, weil in jedem von uns eine unbestimmbare Sehnsucht nach unserem Zuhause schlummert. Gott, der Vater hat tiefes Mitgefühl mit jedem von uns. Er wartet weitaus sehnsüchtiger auf uns als wir uns nach ihm sehnen, unter all unseren Ängsten, unserer Wut und unserer Rachsucht, die wir auch und oft ganz besonders gegen Gott hegen, weil wir ihn vergessen haben. Doch Gott weiß, dass er uns nicht vor der Zeit zu sich holen kann, weil er dann in unseren freien Willen eingreifen würde. Wir entscheiden, wann wir soweit sind.

Es lohnt sich, genauer über das Thema »freier Wille« nachzudenken. Viele Menschen fragen sich häufig: »Warum lässt Gott dieses oder jenes zu? Wenn er wirklich so mächtig wäre, könnte er doch eingreifen und viel Leid verhindern.« Klar, es ist oft unerklärlich, warum so viele Menschen leiden, hungern und dürsten müssen oder warum so viele Menschen verfolgt, unterdrückt und gepeinigt werden. Aber dies alles wurde von Menschen mit der Kraft ihres eigenen Willens geschaffen. Natürlich haben sich die einzelnen Betroffenen ihr Leid niemals selbst gewünscht. Dennoch ist es so, dass Entscheidungen aus dem freien Willen einiger weniger heraus, zu grausamsten Situationen für viele führen können. Weil wir alle aber dem Gruppenkollektiv angeschlossen sind, tragen wir alle dies in gewisser Weise mit, auch wenn wir nicht selbst in den Krieg ziehen. Der freie Wille schließt auch Eigenverantwortung ein.

Ein aktuelles Beispiel zur näheren Erläuterung ist der Fleischkonsum in Europa: Viele Menschen essen am liebsten jeden Tag Fleisch. Es soll gut, viel und billig sein. Der Markt bietet uns das, denn die Konsumenten – also wir alle – entscheiden. In weiten Teilen Südamerikas wird Soja angebaut, um ein billiges Futtermittel zur Mast der »Fleischlieferanten« zu erhalten. Der größte Teil der Sojaernte Südamerikas landet als Tierfuttermittel bei uns in Europa und in den USA, damit Schweine und Rinder gemästet werden können und wir unser billiges Fleisch kaufen können. Die dortigen Bauern werden gezwungen, Soja anzubauen, die Monokultur und der extreme Einsatz von Pestiziden zerstören den Boden. Bauern, die sich weigern, Soja anzubauen, werden enteignet und von ihrem Land vertrieben. Dabei wäre Soja in seiner Reinform ein Eiweißlieferant, der für die Menschen besser und gesünder ist als Fleisch. Das ist nur ein Beispiel, wie durch den freien Willen der Menschen Leiden entsteht. Ein einzelner Mensch möchte doch nur jeden Tag sein Schnitzel auf dem Teller haben. Doch mit seiner Entscheidung trägt er dazu bei, die Lebensgrundlage vieler Menschen und Tiere in Südamerika zu zerstören. Der freie Wille ist es, der die Welt so macht, wie sie ist. Jeder entscheidet jeden Tag aufs Neue, was er in der Welt hinterlässt.

Es ist leichter zu sagen »Das war Gottes Wille« als »Ich habe das herbeigeführt und übernehme die Verantwortung dafür«. Vieles, was heute passiert, ist für unseren menschlichen Verstand unbegreiflich, und dennoch sind wir unmittelbar daran beteiligt. Es ist wichtig, dies zu erkennen und im eigenen Umfeld die Verantwortung dafür zu übernehmen, etwas zu ändern. Krieg beginnt in den eigenen vier Wänden. Armut und Elend gibt es vor jeder Haustür. Es gibt unzählige Hilfsorganisationen, die für arme Länder Spenden sammeln. Aber auch hier bei uns in der Konsumgesellschaft gibt es mehr als genug Elend. Auch hier leben Kinder unter ärmsten Verhältnissen. Am allerbesten kann man dort wirken, wo man lebt. Klar brauchen auch die Menschen in anderen Ländern unsere Unterstützung. Aber wenn ich beispielsweise dem Bettler unter der Brücke eine ordentliche Portion zu essen kaufe und ihm einen Wintermantel schenke, weiß ich, dass meine Unterstützung hundertprozentig und unmittelbar dort ankommt, wo sie gebraucht wird. Wenn ich als Konsument genau überlege, was ich wirklich brauche, und nachforsche, woher das gewünschte Produkt kommt, tue ich mehr als die meisten Menschen in unserer heutigen Zeit.

Ich kann die Energie, die wirkt, am besten dort verändern und ausrichten, wo ich lebe.

Wie alles begann ...

*W*enn ich heute auf meine Kindheit zurückblicke, bin ich dankbar für die Fülle an Erfahrungen und Lernaufgaben, die ich schon damals erhalten habe. Ich habe als Kind vor allem drei Dinge gelernt: Geduld, Stille/Einsamkeit und Aufmerksamkeit.

Ich wurde am zweiten Weihnachtstag in einem Entbindungsheim in einem kleinen Ort auf dem Land geboren. Meine Mutter erzählte mir, dass ich einen ziemlich eingedrückten Kopf und lange schwarze Haare am ganzen Körper hatte. Ich soll ausgesehen haben wie ein kleiner Schimpanse. Viel später erklärte mir einmal ein zehnjähriger Junge, der über den Widerspruch der Entstehungsgeschichte des Menschen in Bibel und Biologie nachdachte: »Adam und Eva sind dann wohl Schimpansen gewesen.« Daraufhin dachte ich mit: »Schau an, wie nahe doch alles beieinanderliegt. Sogar Kinder sind in der Lage, ihre eigene Wahrheit zu finden.«

Als ledig geborenes Kind wuchs ich die ersten fünf Lebensjahre, die auch die leichtesten und schönsten meiner Kindheit waren, in einer Großfamilie auf. Meine Uroma zog uns Kleinste, meinen Cousin und mich, auf. Meine Oma und mein Opa gingen beide arbeiten. Meine Mama, die wie die Mutter meines Cousins noch ziemlich jung war, und meine zweite Tante, die in meinem späteren Leben noch eine sehr wichtige Rolle spielen würde, lebten ebenfalls mit uns. Wir lebten alle in einem großen alten Haus mit Garten und Stallgebäude im Randbezirk einer kleinen Stadt. Ich erinnere mich, dass ich damals mit meiner Uroma im Garten oft alles Mögliche angepflanzt habe und dass wir auch viel gebraut haben, wie zum Beispiel Hustensaft aus Kapuzinerschnecken. Erst sammelten wir in der Morgendämmerung im Garten Schnecken, dann warfen wir sie in einen Kübel mit heißem Wasser. Wenn wir genug Schnecken gefunden hatten, gingen wir in die Küche. In einer Pfanne wurde dann Schmalz warm gemacht, feingehackte Zwiebeln wurden angeschwitzt und dann wurde Zucker hinzugefügt. Zum Schluss kamen die Schnecken dazu, alles wurde einige Male umgerührt und dann zugedeckt über Nacht stehen gelassen. Am nächsten Tag gossen wir den Sud ab. Das war dann der Hustensaft. Dies klingt für die meisten Menschen ziemlich eklig, aber der Saft war gut, und vor allem half er wirklich.

Wir hatten eine Schildkröte – Beate –, die immer den Salat anknabberte. Keiner kam je auf die Idee, sie einzusperren. Sie lief auch nicht weg. Damals hatte ich auch zwei Lieblingsbäume, einen Holunderbaum und einen Birnbaum. Der Holunderbaum war zum Träumen, der Birnbaum half mir, wenn ich traurig, beleidigt oder nachdenklich war. Meinen Vater kannte ich nicht, es wurde auch nie über ihn geredet. An meine Mutter zu dieser Zeit erinnere ich mich an eine sehr schöne Frau, die immer gut duftete und die ausschließlich tipptopp gestylt das Haus verließ. Wirklich zu Hause war sie aber selten. Meine Welt war meine Uroma. Sie war immer für mich da, und sie war ruhig, bestimmt und sehr liebevoll. Mein Cousin und ich waren zu dieser Zeit ein Herz und eine Seele.

Heutzutage denke ich, dass ich ohne diese fünf Jahre bei meiner Uroma wahrscheinlich kaum die Kraft gehabt hätte, das Leben zu leben, das ich heute leben darf. Sie gab mir in diesen Jahren etwas mit, was für den Weg durch das Leben von unvergleichlicher Wichtigkeit ist: URVERTRAUEN.

Erkenntnisse · Rückschlüsse

Wenn eine Seele als Mensch geboren wird, ist sie während der ersten Zeit über das Scheitelchakra noch direkt mit den jenseitigen Welten verbunden. Das körperliche Merkmal dafür ist die Fontanelle. Im gleichen Ausmaß wie sich das Kind in sein soziales Umfeld integriert und langsam lernt, sich und seine Bedürfnisse verständlich zu machen, schließt sich die Fontanelle. Auf körperlicher Ebene geschieht dies etwa zwischen dem zweiten und dritten Lebensjahr. Das Kind kann dann schon laufen, Gefühle mitteilen, und es beginnt zu sprechen. Die Verbindung nach »oben«, die bisher für das Kind noch sehr wichtig war, verschwindet nun langsam. Das Kind beginnt zu vergessen, woher es kommt. In dieser Zeit träumen Kinder oft besonders schlecht und schlafen unruhig. Es ist dann sehr wichtig, ihre Ängste und ihre Verwirrung ernst zu nehmen. Im Zeitraum von der Geburt bis circa zum zweiten Lebensjahr wird die Basis für das weitere Menschenleben geschaffen, diese Basis ist das Urvertrauen in die Welt.

Vom Leben nach der Geburt

Es geschah, dass Zwillingsbrüder empfangen wurden. Die Wochen vergingen, und die Knaben wuchsen heran. In dem Maß, in dem ihr Bewusstsein wuchs, stieg auch ihre Freude an: »Sag, ist es nicht großartig, dass wir empfangen wurden? Ist es nicht wunderbar, dass wir leben?«, sagte einer zum anderen. Die Zwillinge begannen, ihre Welt zu entdecken. Als sie die Schnüre fanden, die sie mit ihrer Mutter verbanden und ihnen Nahrung gaben, jubelten sie vor Freude: »Wie groß ist die Liebe unserer Mutter, dass sie ihr eigenes Leben mit uns teilt!«

Als die Wochen schließlich zu Monaten wurden, merkten sie plötzlich, dass sie sich sehr verändert hatten. »Was hat das zu bedeuten?«, fragte der eine. »Das heißt«, antwortete der andere, »dass unser Aufenthalt in dieser Welt bald seinem Ende entgegengeht.« – »Ich will aber gar nicht gehen«, erwiderte der eine, »Ich möchte für immer hier bleiben.« – »Wir haben keine andere Wahl«, entgegnete der andere, »aber vielleicht gibt es ein Leben nach der Geburt.« – »Wie könnte dies sein?«, zweifelte der erste, »Wir werden unsere Lebensschnüre verlieren, und wie sollen wir ohne sie leben können? Und außerdem haben andere vor uns diesen Schoß verlassen, und niemand ist zurückgekommen und hat gesagt, dass es ein Leben nach der Geburt gibt. Nein, die Geburt ist das Ende!«

So verfiel der eine von ihnen in tiefen Kummer und sagte: »Wenn die Empfängnis mit der Geburt endet, welchen Sinn hat dann das Leben im Schoß? Es ist sinnlos! Womöglich gibt es gar keine Mutter hinter allem.« – »Aber sie muss doch existieren!«, protestierte der andere, »Wie sollten wir sonst hierher gekommen sein? Und wie könnten wir am Leben bleiben?« – »Hast du unsere Mutter je gesehen?«, fragte der eine, »womöglich lebt sie nur in unserer Vorstellung. Wir haben sie uns erdacht, weil wir dadurch unser Leben besser verstehen können.« Und so wurden die letzten Tage im Schoß der Mutter beherrscht von vielen Fragen und großer Angst. Schließlich kam der Moment der Geburt. Als die Zwillinge ihre Welt verlassen hatten, öffneten sie ihre Augen: Was sie sahen, übertraf ihre kühnsten Träume.

Urvertrauen ist für einen Menschen enorm wichtig. Ohne ist es sehr schwer, zur Ruhe und somit zu sich selbst zu kommen. Vertrauen in den Ursprung des Lebens ist unabhängig von einer Person, vor allem dann, wenn ich mich auf einen spirituellen Weg begebe. Mit dem Vertrauen in den Ursprung des Lebens ist eine tiefe Form des Vertrauens gemeint, die sich auf die Schöpferkräfte, die Liebe von Vater Sonne und Mutter Erde bezieht. Sie sind die elterlichen Aspekte, die unseren leiblichen Eltern übergeordnet sind. Das Licht und die Wärme von Vater Sonne scheint jederzeit. Dieses Licht sind die Strahlen, die das Leben auf Mutter Erde erwecken, sie lassen die Pflanzen wachsen, sie wärmen uns und schenken uns die reifen Früchte. Mutter Erde gebärt alles Leben, sie nährt es, sie hütet es, und am Ende des Lebens nimmt sie jeden Körper wieder in sich auf, damit dieser wiederum zu neuem Leben werden kann. Auf diesem Pfad des Herzens ist es das Urvertrauen in das Leben selbst, in die Kraft und in die Quelle der Schöpferkräfte von »MutterVaterGott« (diese werden hier nicht als getrennte Wesen verstanden, sondern als göttliche Einheit), das mich leitet. Das Wissen um die Göttlichkeit in uns allen, um die heilige Dreifaltigkeit von Mutter, Vater und Kind führt mich.

Auf dieser Welt und in diesem Leben haben wir leibliche Eltern. Unsere Mutter gebärt uns in dieses Erdenleben. Unsere Eltern tragen für eine gewisse Zeit die Verantwortung für uns. Sie begleiten uns ein Weilchen, doch dann, irgendwann, sollten wir unseren eigenen Weg gehen. Die Kraft von Vater und Mutter ist uns jedoch weit über diesen Zeitraum hinaus jederzeit und überall zugänglich. Dieser übergeordnete Aspekt, die Energie von Vater Sonne und Mutter Erde, kann uns dabei behilflich sein, Verletzungen, Erlebnisse und Bündnisse, die wir mit unseren leiblichen Eltern noch haben, zu lösen. Diese Energie, Vater Sonne und Mutter Erde, die Schöpferkraft des Lebens, unser eigener göttlicher Funke, der uns selbst zu Schöpfern unseres Lebens macht, ist uns auch dabei behilflich, selbst die Aufgaben von Vater beziehungsweise Mutter zu übernehmen, wenn wir Kinder haben. Diese Kräfte versorgen uns immer, unser ganzes Leben hindurch.

Mutter Erde schenkt uns täglich ihre Früchte als Nahrung und Wasser als unsere erste Medizin.
Vater Sonne schenkt uns täglich das Licht und die Wärme, die wiederum Mutter Erde befruchten.

Wie ich es im Kapitel »**Die Energie, das Blut, der Mensch**« bereits beschrieben habe, sind wir über alle Welten und Zeiten hinweg verbunden. Wir können jederzeit und immer jede Erfahrung machen, die für uns wichtig ist. So wie jede Art auf dieser Erde und selbstverständlich auch die Menschheit ein kollektives Bewusstsein hat, so hat auch jedes Verhaltensmuster eine bestimmte Energie und ein Kollektiv. Je mehr Menschen ein bestimmtes Verhalten leben, desto stärker wird das zugehörige Energiekollektiv. Wenn Menschen beginnen, auf eine andere Weise zu leben, kommt es demnach mit der Zeit zu einer Veränderung des kollektiven Verhaltens.

Dies kann in der heutigen Zeit sehr gut beobachtet werden. Auf allen Ebenen verändern sich die Rollenbilder. Frauen brechen beispielsweise aus den viele Jahrhunderte lang aufgedrückten Rollenbildern aus. Ehe und andere Formen der Gemeinschaft verlieren immer mehr an Bedeutung. Pharma- und Lebensmittelgroßkonzerne klagen über Umsatzrückgänge, weil die Energie weg von der Chemie hin zur Natur geht. Und mittendrin steht der einzelne Mensch, für den es eigentlich keine wirklichen Gültigkeiten und keine Verbindlichkeiten mehr gibt. Ohne eine Gemeinschaft, die mich lehrt, was Vertrauen, Liebe, Glück und Freude sind, die mir zeigt, wo gesunde Grenzen sind, kann ich nur schwer einen Rahmen für mein Leben finden, in dem ich mich frei entfalten kann. Unsicherheit, Angst, Selbstzweifel und vieles mehr resultieren aus dieser Verwirrung. Es gibt daher auch immer mehr Kinder aus »kaputten« Familien, die kein Urvertrauen mitbekommen, weil ihre Eltern selbst schon keines hatten. Wenn man dies betrachtet, wird deutlich, warum Urvertauen so grundlegend wichtig ist. Urvertrauen, sei es durch eine gute und solide Kindheit gegeben oder später selbst erarbeitet, macht mich erst zu einem eigenständigen Menschen, der fähig ist, für sich selbst zu sorgen und die eigene Schöpferkraft zu entfalten. Nur durch das Vertrauen in mich und das Leben kann ich zum Schöpfer meines Lebens werden und damit auch Verantwortung für andere und für das, was in der Welt um mich herum passiert, übernehmen.

**Urvertrauen beginnt bei mir selbst,
bei dem Wissen um meine Göttlichkeit,
bei dem Wissen um meine Wertigkeit und meine Wahrheit,
bei dem Wissen um meine Schönheit und meine Kraft.**

In meiner Arbeit bin ich schon vor vielen Jahren dazu übergegangen, bei Meditationen oder Übungen, bei denen ich spreche, die Ichform zu verwenden. Das hat den Hintergrund, dass sich derjenige, an den diese Worte gerichtet sind, bei einem »du« immer erst kurz (wirklich sehr kurz, es wird nur vom Unterbewusstsein wahrgenommen) fragt: »Wer denn ›du‹?« Wenn die Anleitung der Übung aber in der Ichform gesprochen wird, fällt diese kurze Überlegung weg, und die jeweilige Botschaft gelangt direkt ins Unterbewusstsein. Das habe ich in den vielen Jahren, in denen ich selbst an verschiedensten Übungen teilgenommen habe, an mir selbst ebenso erlebt. Aus diesem Grund sind alle Übungen in diesem Buch in der Ichform geschrieben.

Übung – an deinem Urvertrauen arbeiten

Ich suche mir einen Platz, an dem ich ungestört bin und schaffe mir dort einen für mich angenehmen Rahmen. Ich erinnere mich für diese Übung an einen Platz in der freien Natur, an dem ich mich sehr wohl und geborgen fühle, an einen Platz, an dem ich schon einmal war. Wenn ich mich gesammelt habe und alles, was ich für mich brauche, vorbereitet ist, lege, setze oder stelle ich mich in eine Position, in der ich gut eine Weile bleiben kann. Ich atme tief ein und spüre, wie mein Atem über die Brust und das Zwerchfell bis in den Bauch hinunterfließt. Ganz bewusst atme ich dann alles, was mich im Moment schwer macht, aus. Ich atme ganz bewusst so lange, bis ich mich leicht und wohlfühle.

Ich schließe meine Augen. Nun stelle ich mir vor meinem inneren Auge einen leuchtenden bunten Regenbogen vor. Aus diesem Regenbogen löst sich eine Farbe und fließt auf mich zu. Von Kopf bis Fuß bin ich nun umhüllt von einem kräftigen, farbig leuchtenden Energieei. Eingehüllt in dieses Licht, in dem ich mich sehr geborgen fühle, begebe ich mich mental an einen Platz in der Natur, den ich gut kenne und an dem ich mich wohlfühle. Ich stelle mir diesen Platz vor meinem inneren Auge so genau wie möglich vor.

Dort angekommen schaue ich mir die Umgebung an. Ich sehe die Pflanzen, den Himmel, die Sonne und erkenne verschiedene Lebewesen: Kleingetier, Vögel usw. Vielleicht höre ich sogar den Ruf eines Wolfes oder eines Hirsches. Ich schaue mir meine Umgebung genau an und lasse mich von ihrer ganz besonderen Schönheit berühren.

Ein Gefühl tiefer Dankbarkeit und Freude erwacht in meinem Herzen, Dankbarkeit für den Reichtum, der mich umgibt und für die Fülle und die Schönheit des Lebens um mich herum. Ich öffne mein Herz und forme in seiner Mitte ein Geschenk für Mutter Erde. Dieses Geschenk sende ich nun aus der Mitte meines Herzens heraus mit all meiner Liebe zu meiner Mutter, zu Mutter Erde, die mich als ihr Kind jeden Tag und jede Stunde meines Lebens trägt. Versunken in die Schönheit, die mich umgibt, empfange ich die Antwort meiner Mutter. Freudig nehme ich ihr Geschenk an.

Dann betrachte ich mit Freude und Liebe den Himmel, der hell von Vater Sonne erleuchtet ist. Er bringt Licht und Wärme, befruchtet seit Anbeginn allen Lebens die Samen in Mutter Erde, die auch mich ernähren. Wiederum forme ich tief in meinem Herzen ein Geschenk an meinen Vater Sonne. Dieses Geschenk sende ich nun aus der Mitte meines Herzens mit all meiner Liebe zu meinem Vater, zu Vater Sonne, der mich als Kind erstrahlen lässt, jeden Tag und jede Stunde meines Lebens. Seine Wärme und sein Licht genießend empfange ich die Antwort von Vater Sonne. Freudig nehme ich auch sein Geschenk entgegen.

Nun bin ich mit dem Ursprung der Menschenkräfte im Sinne der Familienenergie verbunden, mit der Kraft der Mutter und der Kraft des Vaters, ich selbst bin das Kind. Nun habe ich die Möglichkeit, im Zustand der heiligen Dreifaltigkeit zu verweilen.

Wenn es für mich richtig ist, verabschiede ich mich und bedanke mich bei Mutter und Vater. Ich atme wiederum tief über den Brustkorb und das Zwerchfell in den Bauchraum hinein, und nach vier tiefen

Atemzügen öffne ich die Augen und begrüße die Welt um mich herum.

Die Geschichte
geht weiter ...

Im Alter von fünf Jahren begann so allmählich, sich alles mir Vertraute aufzulösen. Als Erstes verließ uns meine ältere Tante, die Mutter meines Cousins Sascha. Er blieb damals bei unseren Großeltern, die ihn dann auch aufzogen. Für ihn waren sie Mutti und Papa, seine leibliche Mutter nannte er bei ihrem Vornamen. Bald darauf zogen auch meine Großeltern mit Sascha und Esther, meiner jüngeren Tante, aus dem gemeinsamen Haus aus. Esther war damals 13, Sascha fünf. Es sollte einige Zeit dauern, bis wir uns wiedersehen würden. Meine Mutter und ich blieben zunächst mit meiner Uroma in dem Haus. Bald darauf tauchte ein neuer Mensch in meinem Leben auf. Er sollte für die nächsten Jahre mein Vater werden. Meine Mutter und ich zogen bald mit ihm in eine Neubauwohnung in einem Hochhaus im Stadtzentrum – zweiter Stock, alles ganz modern.

Während dieser ersten Wandlung in meinem Leben hatte ich eine Masernerkrankung. Aufgrund einer Fehldiagnose und einer darauffolgenden falschen Behandlung, wurden meine Augen damals sehr stark in Mitleidenschaft gezogen. Als ich ein Jahr später eingeschult wurde, hatte ich nur noch eine Sehfähigkeit von drei Prozent. Ich schielte mit beiden Augen und war so gut wie blind. Dies wurde allerdings erst bemerkt, als ich in der Schule mit dem Lesen und Schreiben erhebliche Schwierigkeiten bekam. In den folgenden Jahren wurde ich an beiden Augen operiert und musste eine sehr starke Brille tragen. In dieser Zeit wurde meine Art der Wahrnehmung das erste Mal verschoben. Ich war auf meine anderen Sinne angewiesen, weil meine Augen wegen des Schielens verschobene Bilder lieferten. Ich denke allerdings auch, dass ich gerade durch diesen Umstand gelernt habe, hinter das Offensichtliche zu schauen.

Die erste Zeit in meiner neuen Umgebung war für mich von neuen Erfahrungen geprägt. Es gab in den verschiedenen Wohnblocks rivalisierende Banden. Man musste draußen im Hof beim Spielen ganz genau wissen, wie die Regeln lauteten. Wenn ich mich zum Beispiel aus Versehen auf die falsche Schaukel gesetzt hatte, konnte es passieren, dass ich von den Kindern aus den anderen Häusern verprügelt wurde. Es war Tag für Tag ein harter Kampf.

Mein Stiefvater war in der ersten Zeit ein super Mensch, ein richtiger Traumvater! Er unternahm viel mit mir und meiner Mutter und war stets aufmerksam und lieb zu mir. Ich liebte ihn, wie ein Kind seinen Vater nur lieben konnte. Bald war meine Mutter von ihm schwanger, sie erwartete Zwillinge.

In dieser Zeit mieteten wir gelegentlich ein kleines Ferienhäuschen in einem Waldstück und verbrachten dort die Wochenenden. An einem dieser Wochenenden streunte ich draußen im Wald herum und sammelte Junikäfer in einem Joghurtbecher. Als der Becher voll war, schlich ich mich zum Badezimmerfenster. Meine Mutter und mein Stiefvater nahmen gerade ein Bad. Ich schüttete die Käfer durchs Fenster in die Badewanne hinein. Na ja, zugegeben, aus heutiger Sicht war das wohl ein recht derber Spaß. Als Kind wollte ich den beiden damals aber einfach nur einen Streich spielen, aus kindlichem Übermut ohne böse Absicht. Meine Mutter ekelte sich aber furchtbar vor den Käfern in ihrem Badewasser und sprang schreiend aus der Wanne. In der folgenden Nacht hatte sie eine Fehlgeburt und verlor die Zwillinge. Mein Stiefvater gab mir die Schuld an diesem Verlust. Daraufhin begann die dunkle Zeit meiner Kindheit.

Erkenntnisse · Rückschlüsse

Trennungen, Schuldzuweisungen und Verluste sind Themen im Leben eines jeden Menschen, die einer Aufarbeitung bedürfen. Solche Begebenheiten unseres Lebens binden meistens große Teile unserer Vitalenergie.

Unter Vitalenergie oder auch Seelenenergie verstehe ich die Energie oder die Kraft, die jeder Mensch für sein Leben erhält. Durch schmerzhafte Geschehnisse verlieren wir Teile dieser Vitalkraft. In der schamanischen Arbeit gibt es verschieden Ansätze, mit denen man diese verlorene Energie wiederfinden kann. Wir haben durch die Umstände einschneidender Erlebnisse Teile unserer Energie abgegeben. Mithilfe der Rekapitulation kann diese Energie aus den Ereignissen gelöst und für uns wieder nutzbar gemacht werden. Es gibt verschieden Möglichkeiten der Rekapitulation. Eine davon ist beispielsweise eine spezielle Atemtechnik, die auch »Atem des Feuers« genannt wird. Diese erlernst du am besten in einem Seminar, weil sie sich in einem Buch nur schwer beschreiben lässt.

Eine andere Form der Rekapitulation ist das Schreiben. Ich suche mir einen Platz, an dem ich ungestört arbeiten kann und konzentriere mich auf das Ereignis, das ich lösen möchte. Dazu schließe ich die Augen und beginne, mich in die Situation hineinzudenken. Sobald ich den Kontakt zu der Begebenheit aufgebaut habe, beginne ich zu schreiben. Ich schreibe alles auf, was mir zu dem Ereignis einfällt: Gedanken, Gefühle, alles, was hochkommt. Ich versuche, mich so genau wie möglich an jedes Detail zu erinnern. Ich schreibe in meinem eigenen Sprachstil und bringe einfach alles zu Papier. Dabei fluche und schimpfe ich auch schriftlich, wenn mir danach ist. Wenn ich das Gefühl habe, dass es abgeschlossen ist, nehme ich die vollgeschriebenen Blätter und suche mir einen Platz in der freien Natur, an dem ich mich wohlfühle und ungestört bin.

Ich wähle eine Stelle, an der ich ein kleines Feuer machen kann, reinige den Platz, lege einen Salbeizweig (oder ein paar Weihrauch- oder Copalkörner) auf die Stelle und beginne, ein kleines Feuer zu entzünden. Ideal ist ein Platz in der Nähe eines fließenden Gewässers. Ich ziehe einen Schutzkreis und bitte die Schöpferkräfte und meine Verbündeten und Begleiter um Unterstützung bei meiner Arbeit.

Nach und nach gebe ich die beschriebenen Seiten ins Feuer. Dabei atme ich bewusst die Hitze jeder Seite ein, die Hitze des Feuers ist meine verlorene Energie, die nun frei wird und mir wieder zur Verfügung steht. Blatt für Blatt atme ich mich zurück in meine Kraft. Sind alle Blätter verbrannt, atme ich noch einmal die ganze Hitze der Glut ein – den letzten Rest meiner einst in dieser Situation gebundenen Vitalkraft.

Zum Abschluss schenke ich dem Feuer noch Räucherwerk oder Kräuter meiner Wahl, ich bedanke mich und prüfe, ob auch die letzte Glut erloschen ist. Dann säubere ich den Platz. Am besten übergebe ich

die Aschereste einem fließenden Gewässer. Schließlich verlasse ich die Stelle so sauber, wie ich sie vorgefunden habe.
Bei allen Übungen, die mit Feuer in der Natur gemacht werden, ist es wichtig und sinnvoll, Plätze zu wählen, an denen möglichst wenige Pflanzen wachsen. Es ist zum Beispiel davon abzuraten, in einem Hochmoor ein Feuer zu entzünden, nur weil es dort ganz besonders schön ist. Denn dabei wird ein vermeidbarer Schaden in einem sensiblen Ökosystem angerichtet. Besser ist es zum Beispiel, eine Stelle an einem Bachbett zu suchen, wo das Feuer auf einem Stein oder einem Felsen gemacht werden kann. Ich versuche, bei allem, was ich tue, auch die Wesen in meiner Umgebung einzuschließen und ihre Bereiche und Lebensräume zu achten.

Alte Erlebnisse beziehungsweise die Vergangenheit loszulassen und die Energie daraus zurückzugewinnen, ist ein Weg, sich wieder mit sich selbst und seinen ureigenen Kräften und Talenten zu verbinden. Indem man sich von allem, was alt und verbraucht ist, befreit, macht man Platz für neue Erfahrungen und Wege in seinem Leben.

Errichten eines Schutzkreises:
An dieser Stelle beschreibe ich meine Art, einen Schutzkreis zu errichten. Die Möglichkeiten zur Durchführung dieses Rituals variieren aber stark.
Ich stelle mich mit meinem Blick nach Norden gerichtet hin. Mit meiner Rassel und mit meiner Stimme eröffne ich das Ritual, indem ich verlautbare, dass ich beginne. Dann rassele ich siebenmal kräftig und rufe in Richtung Norden zu meinen Ahnen, zu den Ältesten und den Weisen.

Dann begebe ich mich nach Osten und spreche ein »Gebet«. Mit nach oben gerichtetem Blick rufe ich Vater Sonne, das große Geheimnis, den Schöpfer an. Mit nach unten gerichtetem Blick rufe ich Mutter Erde, die Ernährerin und Gebärerin, die Schöpferin an. Anschließend bitte ich diese Schöpferkräfte, mich zu unterstützen und mich mit allen Kreisen des Lebens zu verbinden.

Ich hebe meine linke Hand in Richtung Osten, dann gehe ich im Uhrzeigersinn im Kreis um die Stelle, um die ich den Schutzkreis ziehen möchte, herum. Dabei spreche ich folgende Worte laut und deutlich aus und visualisiere gleichzeitig ihre Bedeutung: »Ich errichte einen Schutzkreis zwischen den Welten und dem Jenseits der Zeit, einen Tempel aus lichter, kräftig strahlender und schützender Energie, die diesen Raum wie eine Kugel umschließt.« Dann spüre ich nach und wiederhole den Vorgang wenn nötig.

Anschließend spreche ich die Worte: »Alle Wesen (Energien oder Ähnliches), die für mich hier und jetzt ohne Bedeutung sind, verlassen jetzt sofort diesen geschützten heiligen Raum (Tempel, Schutzkreis oder Ähnliches).« Dann spüre ich nach und wiederhole den Vorgang wenn nötig.

Dieser Schutzkreis ist von innen nach außen offen, für ungeladene Kräfte jedoch geschlossen. Ich rezitiere diese Sätze oder eigene Worte, die diese sinngemäß wiedergeben, und bewege mich mindestens dreimal im Kreis herum. Die Wirkung kann verstärkt werden, indem ich vier-, sieben-, neun- oder 13-mal im Kreis herumgehe. Nach meiner Arbeit, baue ich den Schutzkreis wieder ab. Dafür bewege ich mich in die Gegenrichtung und verabschiede mich von allen Kräften und Wesenheiten, die ich eingeladen habe. Ich bedanke mich bei allen, die mich begleitet haben, und spüre nach, ob der Tempel wirklich aufgelöst ist.

Weitere Jahre der Kindheit ...

Zwei Tage nach meinem sechsten Geburtstag wurde meine Schwester geboren. Sie war ein sehr hübsches Kind, still, einfach zu versorgen und auch sonst ein wirklich liebes und pflegeleichtes Baby. Zu dieser Zeit war mein Stiefvater eigentlich nur noch an manchen Abenden und an den Wochenenden bei uns zu Hause. Meine Mutter aber saß tagein, tagaus in der Wohnung. Damals begann ich, zu bemerken, dass irgendetwas mit meiner Mutter falsch lief. Oft, wenn ich aus der Schule kam, lag meine Mutter noch im Bett und meine kleine Schwester hatte immer noch nasse Windeln. Ich richtete mir dann ein Brot, versorgte das Baby, anschließend schaute ich nach meiner Mutter. An solchen Tagen strömte sie einen ganz speziellen Duft aus. Später erkannte ich dann, dass es Alkoholgeruch war. Sie war auch tablettenabhängig und lag oft tagelang im Bett, zugedröhnt mit Alkohol und Tabletten. Auf die Frage, ob ich ihr irgendwie helfen könne, bekam ich oft die Antwort: »Ja, lass mich in Ruhe sterben.« Mein Stiefvater wurde unterdessen immer gewalttätiger. Oft zwang er mich, zuzusehen, wie er meine Mutter verprügelte, damit ich lernte, was mit Frauen passierte, die nicht »gehorsam« waren.

Eigentlich lebte ich damals in ständiger Aufmerksamkeit. Das war für mich überlebenswichtig. Ich musste den Moment erkennen, in dem die Stimmung meines Stiefvaters umschwang, damit ich rechtzeitig das Weite suchen konnte. Oft genug bekam ich aber dennoch Schläge ab, meistens mit der Bemerkung: »Für irgendwas wird es schon gut sein. Ich kann ja nicht alles wissen, was du Balg so treibst, aber verdient hast du sie sicher.« Das war die Zeit, in der ich lernte, zu warten, zu hoffen, zu schweigen und zu beobachten. Seit wir aus unserem alten Haus ausgezogen waren, setzte mein Stiefvater alles daran, uns von unserer Verwandtschaft fernzuhalten. Er warf alle hinaus: Oma, Opa, meine Tanten. Nur meine Uroma bot ihm die Stirn. Vor ihr hatte er sogar so viel Respekt, dass er es nicht wagte, ihr gegenüber handgreiflich zu werden. Ganz gezielt trennte er uns nach und nach von unseren Wurzeln, von unserer Familie. Meine Mutter war damals schon in einem Zustand, in dem sie keinen Widerstand mehr leistete.

Einige Zeit spielte mein Stiefvater mit mir ein fieses Spiel. Immer wenn ich ihm erzählte, ob jemand tagsüber bei uns zu Besuch war oder ob meine Mutter mit irgendjemandem telefoniert hatte, schenkte er mir Süßigkeiten und Spielsachen. Es dauerte eine ganze Weile, bis ich bemerkte, dass er mich als Spion missbrauchte. Je nachdem, wie mein Bericht ausfiel, stritten meine Mutter und er sich, oder es blieb friedlich. Soziale Kontakte waren meiner Mutter verboten, einkaufen ging ausschließlich mein Stiefvater, er versorgte sie auch stets ausreichend mit Alkohol. Zu dieser Zeit lebte meine Mutter wie ein Tier im Käfig. Schließlich landete sie mit einer schweren Depression und einer durch den Alkohol- und Tablettenmissbrauch bedingten, halbseitigen Lähmung in einer Nervenheilanstalt. Auch mein Stiefvater war dem Alkohol immer sehr zugetan. In dieser Zeit begannen meine wiederkehrenden Träume, die mich einige Jahre begleiten sollten. Abend für Abend tauchte der Räuber Hotzenplotz auf, der mich mit Stacheldraht an diesen riesigen Baum fesselte und dabei hämisch lachte. Überall blutete ich, und es tat höllisch weh. In diesem Alter hatte ich eigentlich nur Angst. Nie wusste ich, was mich zu Hause erwarten sollte, wenn ich aus der Schule oder vom Spielen nach Hause kam.

Als meine Mutter in der Klinik war, versorgte ich meine Schwester und die Wohnung so gut wie möglich allein. Meine Uroma kam manchmal und half mir dabei. Sie war damals schon ziemlich alt, und die ersten Anzeichen ihrer Alzheimererkrankung machten sich bereits bemerkbar. Aber das spielte für mich damals keine Rolle, ich war überglücklich meine Uroma um mich zu haben, die einzige Sicherheit, die ich je gekannt hatte. An meine restliche Verwandtschaft hatte ich damals nur noch schwache Erinnerungen.

Eines Tages kam mein Stiefvater nicht nach Hause. Ich wusste nicht, wo er war, und ich war allein mit meiner damals circa zweijährigen Schwester. Meine Uroma war irgendwann am Nachmittag wieder gegangen, weil sie davon ausging, dass mein Stiefvater bald heimkommen würde. Ich spielte mit meiner kleinen Schwester, bis sie müde war, und dann brachte ich sie ins Bett. Bald darauf ging ich auch schlafen. Irgendwann in der Nacht wachte meine Schwester auf und fing an, nach ihrem Vater zu weinen. Er war aber nicht da. Ich stieg aus dem oberen Teil unseres Stockbettes zu ihr hinunter und versuchte, sie zu beruhigen. Sie wollte aber ihren Papa, weinte immer mehr und begann schließlich zu schreien. Mit nichts konnte ich sie trösten. Schließlich gab ich auf und legte mich wieder in mein Bett. Unten weinte meine Schwester weiter nach ihrem Vater, und ich begann, mir Sorgen zu machen, ob vielleicht etwas passiert war. Durch das kontinuierliche Weinen meiner Schwester und meine sich verselbstständigenden Gedanken, geriet ich in Panik. Ich begann, an meiner Bettdecke zu nagen, bis diese ein Loch hatte. Als ich in die Daunendecke hineingriff, fühlten sich die Federn unglaublich weich und warm an. Die Federn trösteten zumindest mich. Ich war fasziniert von dem seidig weichen Gefühl an meiner Haut. Ich begann, die Federn zu meiner kleinen Schwester hinunterzuwerfen, damit auch sie diese Weichheit spüren konnte. Doch auch die Federn konnten sie nicht beruhigen. Irgendwann schlief sie wieder ein und ich schließlich auch.

Geweckt wurde ich durch meinen Stiefvater, der ziemlich betrunken irgendwann mitten in der Nacht nach Hause kam. Als er sah, was ich mit der Bettdecke angerichtet hatte, flippte er völlig aus. Ich erhielt eine Tracht Prügel, und er nahm mir die Decke weg. Ich musste von nun an ohne Decke schlafen – bis meine Uroma die Betten frisch beziehen wollte und bemerkte, dass ich keine Decke mehr hatte. Sie suchte die Decke in der ganzen Wohnung, fand sie und flickte sie. An diesem Tag blieb sie länger als sonst. Als mein Stiefvater nach Hause kam, las sie ihm die Leviten, wie ich es noch nie vorher erlebt hatte. Ich hatte erst Angst, dass er ihr was antat, aber das wagte er wohl nicht. Vor ihr hatte er Respekt, warum auch immer. Ich bekam meine Decke zurück, und er musste ihr auch versprechen, mich zumindest an diesem Tag in Ruhe zu lassen.

Ich war inzwischen acht Jahre alt.

Erkenntnisse · Rückschlüsse

Hier fand nun ein Übergang statt. Dieser geht in alten Kulturen und heutigen Naturvölkern mit Initiationsriten oder besonderen Feiern und Unterweisungen einher: **Das Kleinkind wird zum Kind.**

In den Stämmen beginnen Kinder dieses Alters, Verantwortung für jüngere Kinder zu übernehmen. Sie dürfen ab jetzt an verschiedenen Riten und Unterweisungen teilnehmen und Ähnliches. In unseren Ländern kommen Kinder in diesem Alter gewöhnlich in die Schule. Das ist von den ursprünglichen Übergangsriten übrig geblieben. Es ist wichtig, Kinder in diesem Alter bewusst in den neuen Lebensabschnitt einzuführen und ihnen neue Aufgaben und Verantwortung zu übergeben. Ebenso wichtig ist es, ihnen Vertrauen entgegenzubringen. Zum Beispiel kann man seinen Kindern in diesem Alter zutrauen, allein ein paar Sachen einkaufen zu gehen oder den Abwasch als Beitrag zum Gemeinschaftsleben zu übernehmen. In verschiedenen Religionen gibt es noch Rituale, die an diesen Übergang erinnern, zum Beispiel die Erstkommunion in der katholischen Kirche. Diese ist ein Ritual, durch das das Kind einen neuen Status erlangt. Danach darf das Kind zur Beichte, darf die Hostie empfangen und als Ministrant dienen.

In meiner Geschichte ging dieser Übergang unbeachtet vor sich, ohne emotionale, rituelle oder menschliche Ebene. Dem Kind, also mir, wurde die Aufgabe der Mutter zugewiesen, weil die tatsächliche Mutter in ihrer Situation unfähig war, ihre Rolle wahrzunehmen. Ihre Verantwortung gab sie zur Gänze ab.

Ich denke, dass bestimmte Erlebnisse während der Kindheit mit Initiationsriten und Einweihungen, die in verschiedenen Kulturen mit allen möglichen Prüfungen noch heute gepflegt werden, gleichzusetzen sind. Leider wird so etwas bei uns weder beachtet noch verstanden. Daher zerbrechen auch viele Kinder und Jugendliche auf ihrem Lebensweg. Ein Kind, das eine Kindheit mit großer Angst, Gewalt, Aggression und ständigem Stress erlebt und überlebt, kann diese Erfahrungen irgendwann auch für sich selbst heilend nutzen und umsetzten. Es geht meines Erachtens ebenso durch eine Schule der Einweihungen wie ein Kind, das in einem nativen Stamm geboren wird. Der grundlegende Unterschied ist, dass ein Kind aus einem nativen Stamm begleitet wird.

Ich denke, dass viele Probleme der heutigen Jugendlichen, die dann mithilfe von Alkohol und Drogen verdrängt werden, aus dem Fehlen einer Sinn und Werte vermittelnden Begleitung während der Kindheit, die die gesamte Schöpfung einbezieht, entstehen. Das Verständnis vom Menschen, der als Krone der Schöpfung über allem anderen Leben steht, ist überholt. Diese Vorstellung macht uns leer und zu Mördern unserer eigenen Art. Häufig findet kein bewusstes Loslösen der Eltern von den Kindern statt. Viele Mütter und Väter bestimmen in sehr großem Maße über ihre Kinder. Selten genug wird die Meinung eines Kindes geachtet, selten genug wird ein Kind als vollwertig und ernst zu nehmend betrachtet. Oft genug wird gedacht, dass jemand, der noch so klein ist, das Geschehen um sich herum gar nicht mitbekommt. Aber das ist ein Irrtum. Kinder lernen 80 Prozent ihrer Fähigkeiten durch Beobachten. Es ist daher viel wichtiger, wie etwas getan wird, als was gesagt wird.

Ich als Mensch kann nur im Kollektiv überleben, und ich kann nur erfüllt leben, wenn ich mir des Lebens in allem, was ist, bewusst bin. Nur so kann Energie fließen und sich in Leben und Schönheit entfalten – ein Ausgleich von Geben und Nehmen und ein Rhythmus, ein Tanz mit den Elementen und den Wesen.

Übung – den Übergang vom Kleinkind zum Kind gestalten

So ein Fest kann ich gut in der Natur oder in einem Raum, der groß genug ist, durchführen. Das Kind steht an diesem Tag im Mittelpunkt. Bei einem Mädchen kann ich den Übergang als ein weißes Fest gestalten. Weiß ist die Farbe der Jungfrau. Mädchen und Jungen bekommen eine Trommel geschenkt, eine Rahmentrommel oder eine Djembe. Die Trommel ist ein Instrument der Erde. Sie spielt den Herzschlag des Lebens. Einem Jungen kann zusätzlich noch ein Messer oder ein anderes Werkzeug geschenkt werden.

Das Übergangsfest wird von den Erwachsenen gestaltet, die Gäste jedoch werden von den Kindern eingeladen. Wichtig ist bei diesem Ritual, dass allen Beteiligten klar ist, dass ein Übergang zelebriert wird, der einem jungen Menschen den Schritt in den nächsten Lebensabschnitt erleichtern soll. Dieser nächste Lebensabschnitt sollte sich auch ganz klar von dem vorhergehenden unterscheiden.

Mit dem Überreichen der Trommel und des Werkzeuges wird dem Kind Verantwortung für einen Gegenstand, den es ab diesem Tag selber hüten soll, übergeben. Ebenso sollte darauf geachtet werden, dass auch andere Bereiche aus dem alltäglichen gemeinsamen Leben an die Kinder übertragen werden. Es kann zum Beispiel ab diesem Zeitpunkt selbst über das Aussehen seines Zimmers entscheiden oder Ähnliches.

Das klingt jetzt zwar unspektakulär, hat aber den Zweck, dem Kind eine Rolle in der Gemeinschaft zuzuteilen, die es auch erfüllen kann. Es soll lernen, dass auch sein Beitrag für das Wohl aller wichtig ist, und es soll lernen, selbst Verantwortung für sein Handeln zu übernehmen.

Wichtig ist, dass die Eltern bereit sind, einen Teil des Kindes loszulassen und dass sie ihm die Möglichkeit geben, eigenständig Erfahrungen zu machen. Um auch dieses Freigeben rituell zu gestalten, können die Eltern sich mit dem Kind in der Mitte eines Kreises aufstellen, der von den geladenen Gästen gebildet wird. Ein rotes Wollband wird um die Handgelenke aller drei gewickelt, sie werden so symbolisch miteinander verbunden. Jeder Einzelne bedankt sich bei den anderen für die gemeinsame Zeit und die Erfahrungen, die bisher auf dem gemeinsamen Weg gemacht wurden. Die Mutter nimmt dann eine Schere und durchschneidet das Band, das sie mit ihrem Kind verbindet. Dazu spricht sie zum Beispiel Worten wie: »Ich, deine Mutter, lasse dich, mein Kind, nun ein Stück weit von mir gehen – gerade so weit, wie du gehen möchtest, gerade so weit, wie du dich traust. Doch ich bin immer für dich da, um dich zu begleiten und zu lehren, wenn du das willst.« Dann kommt der Vater an die Reihe. Wenn die Bänder gelöst sind, werden die Geschenke an das Kind überreicht und anschließend gemeinsam gefeiert.

Das symbolische Durchschneiden von Verbindungen ist immer wieder eine Möglichkeit, sich von Bindungen aller Art zu lösen.

Wenn ein Kind gezeugt wird, wird ihm im Moment der Zeugung von seinem leiblichen Vater eine gute Portion Vitalenergie zur Verfügung gestellt. Dasselbe passiert bei der Geburt des Kindes durch die Mutter. Mit diesem Vorschuss an Vitalenergie startet dann das neue Menschenwesen in sein Leben. Übergangsrituale wie diese haben auch das Ziel, dass diese Vitalenergie wieder zu den Eltern zurückkommt. Dies geschieht in drei Schritten: beim Übergang vom Kleinkind zum Kind, dann vom Kind zum Jugendlichen, und den letzten Rest Vitalenergie erhalten die Eltern zurück, wenn der Übergang vom Jugendlichen zum jungen Erwachsenen stattfindet. Eine solche Rückgabe geschieht jedoch nicht automatisch. Die beteiligten Menschen müssen sich dieser energetischen Verbindungen bewusst werden, damit sie gelöst werden können. Andernfalls bleiben die Verbindungen in Form von Energieschnüren vorhanden und binden Eltern und Kinder. Keiner hat dann die Möglichkeit, sich wirklich in seiner ureigenen Energie oder Kraft zu entwickeln.

Energieschnüre bilden sich bei jeder Beziehung, die wir eingehen. Je nach Intensität der Beziehung ist die Schnur entsprechend dick und stabil oder eben nicht.

Es ist gut und wichtig, Energieschnüre von Zeit zu Zeit auf ihre Gültigkeit und ihren Sinn zu prüfen.

Eine Veränderung beginnt ...

In den nächsten Jahren verbrachte ich meine Tage und Nächte in einem Zustand der erhöhten Aufmerksamkeit, sobald ich zu Hause war. Nach Möglichkeit hielt ich mich bei Freundinnen aus der Schule auf, oder ich spielte mit den Kindern aus der Siedlung, wenn es gerade mal keinen »Bandenkrieg« gab. In unserer Wohnung herrschte nämlich ein ständiger Kriegszustand. Immer war ich in Habachtstellung, um rechtzeitig ausweichen oder einfach verschwinden zu können. Oft gelang es mir, manchmal auch nicht. Damals lernte ich auch, mich »unsichtbar zu machen«, eine äußerst wertvolle Fähigkeit.

Meine Schwester wuchs inzwischen zu einem süßen blonden und blauäugigen kleinen Mädchen heran. Sie war die Prinzessin meines Stiefvaters. Mir gegenüber wurde er unterdessen immer kälter und abweisender. Nachdem ich erkannt hatte, dass er mich als Spion missbrauchte – er belohnte meine Offenheit mit Süßigkeiten und Aufmerksamkeit – begann ich zu lügen, um meine Mutter zu schützen. Mein Stiefvater wandte sich daraufhin von mir ab. Meine Mutter steckte in einer schweren Depression, und Alkohol war nach wie vor ein Thema für sie. Mein Stiefvater verwickelte sich schließlich in krumme Geschäfte, neben Zuhälterei und Glücksspiel waren auch Betrügereien verschiedenster Art dabei. Als Versicherungsvertreter im Außendienst kam er im ganzen Land herum und lernte dabei überall Menschen kennen. Zu Hause war er immer seltener, Geld hatten wir aber nie. An manchen Wochenenden kaufte er ein, alles vom Besten, alles vom Feinsten. Er versorgte meine Mutter auch kistenweise mit Alkohol. Selbst einkaufen gehen durfte sie nicht. Ihren Zustand konnte ich damals nicht verstehen, heute schon.

Ich war, nach meinen beiden Augenoperationen, eine gute Schülerin, und die Schule machte mir auch Spaß. Eines Tages fragte meine Lehrerin im Unterricht: »Wer von euch will erwachsen werden?« Alle Kinder in der Klasse zeigten auf außer mir. Sie wiederholte ihre Frage, weil sie dachte, ich hätte sie vielleicht nicht gehört. Aber ich hatte sie gehört und auch verstanden. Sie frage die Schüler nacheinander, warum sie denn erwachsen werden wollten. Die Antworten lauteten in etwa: »weil ich dann aufbleiben kann, so lange ich mag«, »weil ich dann so viel Geld ausgeben kann, wie ich will«, »weil ich dann tun und lassen kann, was ich will« usw. Dann fragte sie mich, warum ich nicht erwachsen werden wollte, und ich antwortete: »Weil ich dann Verantwortung übernehmen muss, weil ich dann arbeiten gehen muss, um Geld zu verdienen, und weil ich dann keine Zeit mehr zum Spielen habe. Außerdem streiten Erwachsene meistens.« Ich kann mich heute noch gut an diesen Schultag erinnern. Ich denke, ich hatte damals von etwas gesprochen, was ich schon lebte. Das andere, die Kindheit, vermisste ich bereits.

Die Zeit verging, und ich lernte, von einem Tag zum nächsten zu leben. Planen für die nächste Woche oder auch nur für das Übermorgen war beinahe unmöglich. Die einzige Sicherheit, die ich hatte, war die Wohnung, in die ich kommen konnte und in der auch meistens jemand war. Ansonsten gab es kaum etwas, was mir einen Rahmen oder eine Ordnung bot. Manchmal gab es etwas zu essen, manchmal auch nur Schwarzbrot mit Senf. An einen Sonntag kann ich mich noch sehr gut erinnern. An diesem Tag gab es mittags Tomatensaft. Ich mochte Tomaten, aber dieser Saft schmeckte mir ganz und gar nicht. Mein Stiefvater bestand aber darauf, dass ich ihn trank. Ich wollte aber nicht. Er sperrte mich in mein Zimmer, ließ die Rollläden herunter und meinte: »Du kommst hier erst wieder raus, wenn du diesen Saft getrunken hast! Die Rollläden sind unten, versuche besser erst gar nicht, sie aufzumachen und den Saft zum Fenster hinauszuschütten!« Ich saß den ganzen Nachmittag in meinem Zimmer, aber ich trank den Saft nicht. Irgendwann am Abend holte mich mein Stiefvater und zwang mich, den Saft zu trinken. Er wurde dabei ziemlich grob. Kaum hatte ich den Saft getrunken, musste ich alles wieder erbrechen. Zur Strafe bekam ich Prügel. Nach diesem Erlebnis wurde mir für viele Jahre schon beim Anblick einer Tomate übel. Wenn ich eine anfasste, reagierte ich allergisch, genauso wenn Tomaten in meinem Essen enthalten waren.

Manchmal gab es auch »Glückstage« in meinem Leben. Einmal erlaubte mir mein Stiefvater zum Beispiel, dass ich mit einer Freundin und deren Mutter übers Wochenende einen Ausflug machen durfte. Warum er mir das erlaubte, wurde mir nie ganz klar. Ich vermute aber, dass die Mutter meiner Freundin erfahren hatte, welche Zustände bei uns zu Hause herrschten und dass sie ihn damit unter Druck setzte. Für mich waren es zwei Tage voller Staunen. Wir fuhren nach Zürs am Arlberg, einem sehr noblen Tourismusort. Dort hatte die Oma meiner Freundin ein großes Hotel. Es war Frühjahr – März, glaube ich –, aber dort oben lag noch meterhoch Schnee. Ich war fasziniert von allem, was ich zu sehen bekam. Zum ersten Mal in meinem Leben sah ich Menschen Ski fahren. Ich kannte das bisher nur aus dem Fernsehen. Ich weiß noch gut, wie verblüfft ich war, Leute zu sehen, die im Bikini auf der Piste waren! Es lag noch Schnee, aber gleichzeitig war es schon so warm, dass man in kurzen Ärmeln in der Sonne liegen konnte. Es gab Dinge zu essen, die ich noch nie gesehen hatte, in Mengen, die ich mir noch niemals vorgestellt hatte. Ich war im Schlaraffenland. Lange waren wir zwei Mädchen in dieser Nacht wach und redeten über Gott und die Welt. Am nächsten Morgen wurde ich schon in der Dämmerung wach. Vom Fenster unseres Zimmers konnte ich den Sonnenaufgang sehen. Ich stand auf, ging zum Fenster und schaute hinaus in einen klaren Morgen. An einer Seite des Hotels stand in einiger Entfernung auf einer Wiese ein Stall, und dort auf dem Giebel des Gebäudes entdeckte ich einen Adler. Ich wusste sofort, dass es ein Adler war, denn ich kannte diesen Raubvogel von Bildern aus der Schule. Völlig eingenommen von der Stimmung dieses Morgens und der Landschaft vor dem Fenster betrachtete ich den edlen Vogel. Plötzlich drehte er seinen Kopf und blickte mich direkt an, eine Ewigkeit, wie mir schien, schauten wir uns in die Augen. Dann nickte er mit dem Kopf, spannte seine Flügel auf und erhob sich lautlos in die Lüfte. Lange noch schaute ich ihm zu, wie er sich in Spiralen immer höher in den Himmel schraubte.

Als ich mit der Grundschule fertig war, sollte ich auf ein Gymnasium gehen. Eigentlich wollte ich viel lieber auf eine Hauptschule, denn ich wollte meine Schulzeit so schnell wie möglich beenden und arbeiten gehen. Ich wollte eine Lehre machen und mit meinen eigenen Händen arbeiten. Meine Eltern schickten mich aber auf das städtische Gymnasium. An meinem ersten Schultag erwartete mich eine Überraschung. Mein Cousin Sascha, den ich seit fünf Jahren nicht mehr gesehen hatte, war in derselben Klasse wie ich. Am Ende des zweiten Schultages holte mein Opa ihn ab. Ich freute mich unglaublich, ihn zu sehen. Er ging mit uns beiden eine Limo trinken und sagte, dass ich jederzeit zu Besuch kommen könnte, wann immer ich wollte. Ich wagte es aber nicht, und kurz nach Schulanfang zogen wir aus der Wohnung und aus der Stadt. Ich sollte in den nächsten Jahren noch oft umziehen. Insgesamt 26-mal, bis ich schließlich dort ankam, wo ich heute lebe.

Ich war zehn Jahre alt, als wir in ein Dorf am anderen Ende des Landes zogen. Eigentlich fühlte ich mich dort auf Anhieb wohl. Das Haus lag auf einem keinen Hügel über dem Dorf. Es war eines von zehn Einfamilienhäusern im Reihenhausstil in einer gepflegten ruhigen Gegend nahe am Wald. Es gab einige Kinder in den anderen Häusern, und unten im Tal war ein großer Bauernhof. Die ersten Nächte konnte ich nicht schlafen. Mir fehlten die Geräusche der Hauptstraße, die Tag und Nacht befahren gewesen war. Irgendwann merkte ich, dass es die Stille war, die mich irritierte. Die Träume vom Räuber Hotzenplotz hatte ich manchmal auch noch, doch sie wurden immer weniger. Ich freundete mich mit einigen Kindern aus den Nachbarhäusern an und auch mit dem Jungen vom Bauernhof. Eines der Mädchen sollte meine beste Freundin werden. In der neuen Schule hatte ich weniger Glück. Dort war ich von Anfang an eine Außenseiterin – gekleidet in alte Fetzen, im Winter teilweise mit zwei Sommerhosen und mehreren Pullis übereinander, weil ich sonst nichts hatte, von meiner Art her still und unscheinbar, fast schon ein bisschen introvertiert. Als Brillenschlange war ich noch dazu ein perfektes Opfer.

Mein Stiefvater war damals so gut wie gar nicht mehr zu Hause. Geld hatten wir nie, meine Mutter begann mit Handarbeiten, Kunststricken und Häkeln. Ihre Arbeiten tauschte sie dann bei den Nachbarinnen gegen Essen für uns Kinder. Meine Schwester wurde unterdessen ein richtiger kleiner Drache. Sie war egoistisch, rechthaberisch, verwöhnt und oft einfach absolut gehässig und gemein. Ihr Vater war in starkem Maße an dieser Entwicklung beteiligt. Sie war für ihn die absolute Queen. Sie bekam alles, was sie wollte, noch bevor sie einen Wunsch geäußert hatte. Er spielte mit ihr nun das Spiel, das er mit mir so lange gespielt hatte. Sie erzählte ihm alles, aber auch wirklich alles, was passiert war, seit er das letzte Mal zu Hause gewesen war. Und dann schaute sie zu, wie wir, meine Mutter und ich, für unsere Vergehen bestraft wurden.

Ein einziges Mal setzte ich mich gegen sie durch. Meine beste Freundin und ich spielten Federball, und meine Schwester fuhr mit ihrem Fahrrad ständig dazwischen und lachte dabei hämisch. Irgendwann wurde es meiner Freundin zu dumm und sie holte meine Schwester vom Fahrrad herunter. Meine Schwester war damals etwa vier Jahre alt. Ziemlich deutlich sagte meine Freundin ihr, dass sie ein blödes, verwöhntes Balg sei und dass sie sich gefälligst verziehen solle, sonst könne sie etwas erleben. In diesem Moment kam mein Stiefvater um die Ecke. Meine Schwester lief kreischend auf ihn zu und erzählte ihm alles – natürlich entsprechend dramatisiert. Mein Stiefvater ging auf meine Freundin zu und sagt ziemlich grob zu ihr: »Verschwinde, und lass dich hier nicht mehr sehen! Wenn du es wagen solltest, meine Tochter nochmals anzufassen, dann kannst du etwas erleben. Das garantiere ich dir.« Danach erhielt ich eine heftige Ohrfeige und wurde von meinem Vater ins Haus gezerrt. Eine meiner Strafen war, dass meine Freundin und ich uns nicht mehr treffen durften. Er verbot mir, mit ihr zu sprechen. Am nächsten Tag saß ich in unserem Garten auf der Wiese ganz am Rand des Grundstückes. Meine Freundin saß zwei Häuser weiter in ihrem Garten. Schweigend schauten wir uns an. Lange schauten wir uns über die wenigen Meter Wiese hinweg tief in die Augen. Irgendwann begannen wir beide zu weinen. Einer der Nachbarjungen war in dem Garten, der zwischen uns lag. Er war durch unser Verhalten ziemlich irritiert. Plötzlich kam meine Schwester auf mich zu und begann zu lachen und mich zu verspotten. Ich sagte ihr, sie solle damit aufhören. Sie machte aber weiter: »Memme, Memme, Heulsuse, Heulsuse!«, rief sie und lachte dabei. Ich wurde wütend, stand auf und ging auf sie zu. Drohend sah ich sie an. »Hör auf!«, schrie ich ihr ins Gesicht. Sie lachte und rief weiter. Da holte ich aus und gab ihr eine Ohrfeige. Es war das erste Mal in ihrem Leben, dass jemand eine Hand gegen sie erhoben hatte. Einen Moment herrschte absolute Stille, dann brüllte sie: »Blöde Sau!« Augenblicklich bekam sie noch eine Ohrfeige und wieder war ihr Kommentar: »Blöde Sau!« Dieses »Spiel« ging eine ganze Weile so weiter, wie lange, kann ich nicht mehr sagen. Irgendwann lief der Nachbarjunge durch unseren Garten zu meiner Mutter und schrie: »Komm, komm, die bringen sich um! Die bringen sich um!« Meine Mutter kam und trennte uns. Meine Schwester war total verweint und hatte knallrote Wangen. Ich kann mich erinnern, dass ich in einem Zustand war, den ich heute am ehesten als Trance beschreiben würde. Interessanterweise erzählte meine Schwester dieses Ereignis niemals ihrem Vater. Ich weiß nicht, ob ich in diesem Fall seine Bestrafung überlebt hätte.

Ich verbrachte so viel Zeit wie möglich in den Wäldern oder auf dem Bauernhof. Diese Stunden genoss ich sehr. Dabei fühlte ich mich aufgehoben und frei. Ich hatte einen Jägerstand gefunden, der eine unglaublich schöne Aussicht auf eine Wald- und Wiesenlandschaft mit einer alten Burgruine, die auf einem Hügel stand, bot. Dort machte ich oft meine

Hausaufgaben und saß stundenlang einfach da. Manchmal konnte ich Rehe oder Hirsche beobachten. Manchmal waren auch andere Kinder dabei, und wir spielten in den Wäldern und den Heuschobern, die hier überall standen.

Hinter dem letzen Haus unserer Siedlung hatte ich wie schon als kleines Kind einen Lieblingsbaum. Diesmal war es ein Nussbaum, und das Grundstück gehörte dem Bauern vom Hof im Tal. Ich durfte auf den Nussbaum klettern, wann immer ich wollte. Es war sozusagen »mein« Baum.

In diesen Lebensjahren lernte ich, Verantwortung zu tragen, zu arbeiten und zu reagieren, wenn es darauf ankam.

Erkenntnisse · Rückschlüsse

Die Kindheit lässt sich in drei Phasen unterteilen. Die erste ist die Phase, in der das Kind unmittelbar von den Eltern abhängig ist. Das ist die Zeit von der Geburt bis zu dem Zeitpunkt, ab dem das Kind in der Lage ist, sich mitzuteilen, zu laufen und sich grob zu orientieren.

Dann kommt die Phase, in der das Kind ein Anhängsel der Eltern ist. Es ist mittelbar von ihnen abhängig, beginnt jedoch schon, auf eigene Faust Erfahrungen zu machen. Mit dem Älterwerden der Kinder verändern sich natürlich die Erfahrungen und der Grad des »Anhänglichseins«. Erstes Loslassen vonseiten der Eltern ist notwendig, ebenso aber auch ihre liebevolle Präsenz im alltäglichen Leben. Die dritte Phase ist die Zeit, in der beide, Eltern und Kinder, lernen sollten, sich gegenseitig loszulassen. Diese Zeit beginnt spätestens mit der Pubertät.

Die erste Phase ist für das Kind wichtig, um Urvertrauen zu entwickeln, das Vertrauen, dass für es gesorgt wird und dass seine Grundbedürfnisse erfüllt werden.

Die zweite Phase ist wichtig, um Sicherheit, Selbstvertrauen, Eigenständigkeit, Kreativität und vieles mehr zu entwickeln. Ebenso werden in diesem Kindheitsabschnitt eigene Grenzen, und die Grenzen innerhalb der Gemeinschaft erlernt.

In der dritten Phase, der Loslösung, prüft das Kind alles, was es gelernt hat, auf seine Gültigkeit. Diese Zeit ist wichtig, um den eigenen Weg zu finden. Das Kind erkennt, dass es Nimmerland und Peter Pan eben doch nur im Märchen gibt – zumindest wenn man nur die Realität unserer Gesellschaft betrachtet. In dieser Zeit wird oft auch der erste Schritt in einen neuen Lebensabschnitt, in die Arbeitswelt gesetzt. Das Kind merkt, dass es erwachsen wird. Körperlich, emotional und seelisch »geht es rund«. In dieser Lebensphase ist vonseiten der Eltern Feingefühl für das angemessene Maß von Nähe und Freiheit gefragt.

Die Zeit, über die ich im letzten Abschnitt meiner Erzählung berichtet habe, ist der zweiten Phase zuzuordnen. In meiner Lebensgeschichte gab es diese so gut wie gar nicht. Sicherheiten kannte ich kaum, Grenzen hatte ich, wenn überhaupt, nur ziemlich verschobene, Orientierung und Rückhalt fehlten auch. Dadurch können in der Kindheit Seelenteile verloren gehen. Wenn wir geboren werden, haben wir eine wunderschöne, kräftige Seele. Durch Verletzungen, Schocks, Krankheiten, Operationen und ähnliche Erlebnisse können wir in unserem Leben immer wieder Teile unserer Seele verlieren. Je mehr wir von ihr verlieren, desto schwieriger wird es für uns, unser eigenes Ich zu leben. Wenn wir sehr viele Seelenteile verloren haben, werden wir schließlich krank. Diese Seelenteile gehören zu unserer Vitalenergie. Sie ziehen sich aus unserem Körperenergiefeld zurück, wenn der Schmerz in einer Situation zu groß wird. Mithilfe schamanischer Techniken können diese Teile wieder in das eigene Energiefeld integriert werden. Dabei werden die Seelenteile mithilfe einer schamanischen Reise in die Anderswelt gesucht und anschließend in einem Ritual wieder mit dem Vitalkörper versiegelt. Bei Menschen, die auf ihrem persönlichen Weg der spirituell-energetischen Entfaltung sind, kann es vorkommen, dass sich Seelenteile von allein wieder zurückbegeben, wenn sich die Lebenssituation des Menschen gebessert hat.

In der zweiten und der dritten Phase der Kindheit ist es wichtiger, ein guter Begleiter zu sein als ein Erzieher. Erinnern wir uns daran, Kinder lernen in erster Linie von dem, was sie sehen, erst dann durch das Gehörte. Als Orientierung für die Kinder sind Rituale wichtig. Sie geben ihnen Sicherheit und eine zeitliche Struktur. Jeder von uns hat Rituale, ob wir uns dessen bewusst sind oder nicht. Allein schon die Art wie und wann man seine Zähne putzt, ist ein individuelles Ritual, das regelmäßig wiederholt wird. Neben traditionellen Ritualen wie Taufe, Geburtstag, Weihnachten, Fasching usw. gibt es aber noch weitere Rituale, die für Kinder und Eltern sinnvoll und wichtig sind.

Wenn wir geboren werden, sind wir noch unmittelbar mit dem Ursprung des Lebens verbunden. Je besser wir uns hier auf Erden einleben, desto mehr vergessen wir, woher wir kommen. Vieles vergessen wir aber auch, weil uns niemand mehr davon erzählt, weil uns keiner daran erinnert. Geschichten spiegeln menschliche Eigenschaften und Archetypen wider. In Geschichten wird vermittelt, was passieren kann, wenn wir uns so oder anders verhalten. Charakterzüge wie Neid, Eifersucht, Gier, Machtstreben und viele mehr werden in Märchen und Geschichten behandelt.

Ein Beispiel dafür: Der Prinz zog aus, um den Drachen zu töten und die Jungfrau zu retten. Schamanisch gesehen ist der Prinz der junge Mensch (Mädchen oder Junge). Der Drache symbolisiert die aufkommende Veränderung der Pubertät und das Erwachen der sexuellen Energie. Die Jungfrau wiederum stellt die reine Kraft der Spiritualität dar. Sexuelle Energie kann einerseits als große Kraftquelle genutzt werden, andererseits kann sie uns aber auch eine große Menge an Energie kosten. Entscheidend ist, wie wir mit ihr umgehen. In den alten Geschichten wird der Drache niemals getötet. Der Prinz oder der Drachenjäger kämpft mit dem Drachen und macht ihn sich zum Verbündeten. Er verbindet sich mit ihm in seiner Kraft und lässt von diesem Zeitpunkt an den Drachen leben. Wenn die Zeit reif dafür ist, erweckt er die Jungfrau und ihre spirituelle Erfahrungswelt. Er versucht, dem Drachen, also der Sexualität, seinen Raum zu lassen, aber gleichzeitig auch, die Prinzessin zu achten und ihren Unterweisungen über das Leben zu lauschen.

Geschichten, Rituale und in der Gemeinschaft gefeierte Feste haben die Aufgabe, Wissen weiterzugeben, Erfahrungen zu teilen und gemeinsam heilsam zu sein.

Die Gutenachtgeschichte

Oft erleben Kinder einen wunderschönen Tag und müssen sich dann am Abend von ihm verabschieden, wohl wissend, dass genau dieser eine Tag vorbei ist und in seiner Form einmalig war. Wir Erwachsenen sagen dann: »Morgen ist ein neuer Tag.« Dabei übersehen wir aber oft die Einmaligkeit des Augenblickes.

Die Gutenachtgeschichte ist eine Möglichkeit, Kindern andere Welten zu öffnen, Welten, in denen sie in ihren Träumen leben, in denen ihre Visionen Formen bekommen und in denen ihre Kreativität und ihre Fantasie wachsen, weil sie den Augenblick jederzeit neu formen können. Wir selbst weben unsere Welt mit unseren Gedanken, unseren Träumen und unseren Vorstellungen und Mustern mit jeder einzelnen Handlung, die wir vollziehen.

Jeder Mensch, webt seine Welt, seine Wirklichkeit mit seinen Gedanken, seinen Träumen sowie seinen Vorstellungen und Mustern und mit jeder einzelnen Handlung, die er als Mensch vollzieht.

Mein Mann lässt sich von unseren Kindern oft drei oder vier Begriffe nennen, aus denen er dann eine Gutenachtgeschichte erfindet. Am Ende dieses Teilkapitels werde ich eine Geschichte erzählen, die er sich ausgedacht hat. Sie handelt von einer rollenden Trollfamilie, einem laufenden See, einem hüpfenden Auge und einem fahrenden Gebiss. Eine andere Möglichkeit ist es, die Kinder selbst eine Geschichte erzählen zu lassen.

Und das kann dabei herauskommen (erfunden von meinen beiden acht- und neunjährigen Söhnen, gespielt als Rollenspiel mit Playmobilfiguren):

Handelnde Personen:
zwei liebe Waldgeister
ein Rabe
eine Schlange
ein Skelett
ein »böser Hugo«

Die beiden Waldgeister leben mit ihren Freunden, dem Raben, der Schlange und dem Skelett in einer wunderschönen Fels- und Waldlandschaft mit vielen bunten Blumen, Farnen, Pilzen und Bäumen. In den Felsen »wächst« ein Schatz aus vielen bunten, schönen Kristallen. Die beiden Waldgeister und ihre Freunde beschützen den Wald, die Felsen und natürlich auch den Schatz.

Eines Tages kommt der »böse Hugo« in den Wald. Er hat eine Lampe, eine Lupe, einen Helm und was man sonst noch so für eine Schatzsuche braucht dabei. Als die fünf Freunde bemerken, dass ein Fremder im Wald ist, flüstern sie ihren Bäumen, Blumen und Farnen zu, dass sie sich ganz dicht zusammenstellen sollen, damit der »böse Hugo« keinen Weg in den Wald hinein findet. Die Pflanzen tun dies sofort und rücken ganz nahe zusammen. Als der »böse Hugo« näherkommt, beginnt er, die Pflanzen einfach auszureißen. Manche Blüten und Pilze nimmt er mit, andere wirft er einfach hinter sich.

Die Schlange stellt sich dem »bösen Hugo« in den Weg und sagt: »Was tust du denn da? Der Wald gehört dir doch nicht! Du kannst doch nicht einfach alle Pflanzen ausreißen und töten!« Der »böse Hugo« lacht und sagt: »Klar kann ich das! Siehst du doch! Mir doch egal, wem der Wald gehört! Ich habe gehört, dass es hier einen Schatz gibt, und den suche ich!«

Die Schlange sagt: »Ja, einen Schatz gibt es hier, aber du wirst ihn niemals finden!« – »Warum denn nicht?«, fragt der »böse Hugo«. »Weil du dafür zuerst deinen Kopf verlieren musst!«, antwortet die Schlange. Da schnappt sich der »böse Hugo« die Schlange, tötet sie und wirft sie hinter sich. Er geht anschließend weiter und zerstört den Wald.

Dann kommt das Skelett und versperrt dem »bösen Hugo« den Weg. »Was tust du hier?«, fragt das Skelett. »Ich suche den Schatz, den es hier gibt. Weißt du vielleicht, wo er ist?«, fragt der »böse Hugo« das Skelett. Das Skelett lacht und sagt: »Du willst den Schatz finden? Niemals wirst du den Schatz finden! Dafür musst du zuerst deinen Kopf verlieren! Schau doch einmal, wie du dich hier benimmst! Wie willst du denn so den Schatz finden?« Der »böse Hugo« kämpft mit dem Skelett und ruft dabei: »Ich verliere meinen Kopf nicht! Aber du deinen, du Knochengerüst, und auch deine anderen Glieder!« Damit zerteilt das Skelett und wirft die einzelnen Knochen hinter sich.

Im Weitergehen reißt er erneut alles aus, was ihm im Weg steht. Schließlich kommt der Rabe angeflogen. Der Rabe nimmt dem »bösen Hugo« seinen Helm und auch die Lupe und die Lampe weg. Dann beginnt er, gegen den »bösen Hugo« anzufliegen. Er ruft dabei: »Was tust du da, was tust du da?« Der »böse Hugo« ruft nun schon wirklich wütend: »Noch so ein Vieh! Ich suche den Schatz, den es hier gibt!« Der Rabe antwortet im Sturzflug: »Den wirst du niemals finden, den wirst du niemals finden, vorher verlierst du deinen Kopf!« Der »böse Hugo« schnappt sich auch den Raben und wirft ihn hinter sich.

Daraufhin fangen alle Bäume an zu zittern. Sie bewegen sich zur Seite, und die beiden Waldgeister kommen aus dem Wald. Sie sind unbewaffnet und sehr traurig. »Was hast du getan? Schau! Alle unsere Pflanzen hast du getötet! Sie sind unsere Familie, unsere Kinder und Enkel!«, rufen die beiden Waldgeister.

Der »böse Hugo« lacht und sagt: »Das sollen eure Kinder sein? Das ist doch bloß unnützes Unkraut, es steht im Weg herum und macht Dreck. Aber ich habe gehört, dass es hier einen Schatz gibt, den möchte ich finden.« Die beiden Waldgeister schauen den »bösen Hugo« ernst an und antworten: »Ja, hier gibt es einen Schatz, aber du wirst ihn nicht finden, vorher musst du deinen Kopf verlieren.«

Der »böse Hugo« lacht und fragt: »Warum muss ich meinen Kopf verlieren?« – »Weil du den größten Schatz, den wir hatten, zerstört hast«, antworten die beiden Waldgeister. Der »böse Hugo« bückt sich, holt aus seinem Stiefel ein verstecktes Messer und ruft: »Wenn ihr meinen Kopf wollt, müsst ihr mich erst mal kriegen!« Die Waldgeister rufen daraufhin: »Zauberstock komm! Zauberhut komm! Zaubertasche komm!» Zwei Stöcke, zwei Hüte und zwei Taschen kommen durch die Luft angeflogen, und der Kampf beginnt.

Der »böse Hugo« hat gegen die beiden Waldgeister keine Chance. Sie fangen ihn und packen ihre Zaubersachen ein. »Weil du unseren ganzen Wald kaputt gemacht hast und unsere Freunde getötet hast, wirst du jetzt als kopfloses Skelett hier herumwandern und alles wieder aufbauen und pflegen, damit du erkennst, was die Natur für ein Schatz ist. Und dabei wirst du auch Gelegenheit haben, den Schatz, den du gesucht hast, die Kristalle im Felsen, zu sehen, weil du diese abstauben musst.« Und dann zaubern die beiden Waldgeister den Raben, die Schlange und das Skelett wieder lebendig. Das Skelett kann nun den Kopf abnehmen und hat den Geist vom »bösen Hugo«. Dieser sollte mit der Zeit ein lieber werden. Der Körper vom »bösen Hugo« aber geht zurück ins Dorf. Er redet und tut nie wieder etwas. Bald stirbt er, und der Wald ist wieder so schön, wie er immer war.

Erkenntnisse · Rückschlüsse

Kinder können unsere größten Lehrer sein, wenn wir bereit sind, ihnen unsere Herzen und Ohren zu öffnen!

Müssen wir wirklich erst den Kopf verlieren, bevor wir erkennen, dass wir alles Leid, das uns geschieht, selbst zu verantworten haben? In dieser Geschichte sehen wir sehr schön, wie Kinder denken und die Welten miteinander verbinden. Der »böse Hugo« stellt den unbewussten Menschen dar, der auf der Suche nach einem vermeintlichen Schatz alles um sich herum zerstört. Dabei übersieht er den eigentlichen Schatz: das Leben selbst. Erst als er den Kopf verliert, als ihm also sein Geist/seine Seele genommen wird, erfährt er, was wirklich zählt. Der seelenlose Körper jedoch kann in dieser Welt nicht weiterbestehen und stirbt.

Das Verlieren von Seelenteilen führt zu einem Gefühl der Orientierungslosigkeit, von Schwermut und Hoffnungslosigkeit oder zu Angstzuständen. Man spürt, dass man »nicht in seiner Mitte ist«, dass man vom eigentlichen Sinn des Lebens abgewichen ist. Solche Gefühlszustände oder auch eine Depression können (auch) als ein Abweichen vom eigenen Ich, als ein Verlassen des eigenen Weges oder als ein langsames Ausglimmen des göttlichen Funkens in uns betrachtet werden. Metaphorisch kann das Verlieren des Kopfes in einer gewissen Weise als dieses interpretiert werden. Viele Ereignisse in unserem Leben können so ein Kopfverlieren bedeuten. Dazu können auch eine Krankheit, ein Unfall, ein Verlust oder eine überraschende Veränderung der Lebensumstände gehören. Ich denke jedoch, dass das Erkennen solcher Zustände stets ein Hinweis für uns sein soll, den Weg, den wir gehen, zu überdenken. Es sind Hinweise des Lebens selbst, damit wir den eingeschlagenen Kurs korrigieren können.

Allergien und Unverträglichkeiten

Allergien und Unverträglichkeiten sind ein beherrschendes Thema unserer Zeit. Alles, was wir essen und trinken, ist eine Form von Energie. So wie die Art der Nahrung und der Getränke ist, die wir uns zuführen, so ist auch die Energie, mit der wir uns dadurch versorgen.

Ich möchte hier keine Predigt über richtige Ernährung beginnen, darüber gibt es wirklich genug Bücher. Aber ich möchte dennoch anregen nachzudenken, wo die Nahrung eingekauft wird. Es ist immer gut, zumindest ungefähr den Ursprung seiner Nahrungsmittel, zu kennen.

Ich kaufe in erster Linie Produkte, die aus meinem Land kommen. Natürlich muss ich dann Abstriche machen. Zu Weihnachten gibt es zum Beispiel keine frischen Erdbeeren. Nach Möglichkeit kaufe ich meine Produkte direkt bei Betrieben, die eine biologische Herstellung nachweisen können. Meine Umgebung suche ich nach der Jahreszeit entsprechenden Kräutern und Pflanzen ab, wie zum Beispiel nach Bärlauch und Gänseblümchen für Salate oder nach Salbei und Wacholder zum Würzen und Räuchern oder nach Spitzwegerich und Holderblüten für Säfte und Tees.

Es reichen kleine Mengen, wenn wir selbst gesammelte Nahrung zu uns nehmen, um mit dem Land, das uns umgibt, in Verbindung zu treten. Mit Nahrung, die in unserer Heimat wächst, nehmen wir viel mehr Informationen auf, als wir uns vorstellen können. Wir nehmen die Energie des Landes in uns auf und der Erde und des Wassers, die es dort gibt. Wir nehmen die Information der Luft auf, und ebenso die Art und Weise, wie das Produkt behandelt wurde. Dadurch verbinden wir uns auf ganz einfache und doch auf besondere Weise mit dem Land, das unsere Heimat ist. Natürlich nehmen wir mit Produkten aus anderen Ländern ebenso Energie auf. Doch sollten wir uns überlegen, welche Form der Energie zum Beispiel eine Kiwi aus Neuseeland in sich trägt. Geerntet wird sie meist in unreifem Zustand und anschließend chemisch behandelt, damit der Reifeprozess genau dann eintritt, wenn sie verkauft werden soll. Jeder, der beispielsweise schon einmal eine Kiwi oder eine Mango in ihrem Herkunftsland frisch geerntet und dann gekostet hat, kann bestätigen, dass die jeweilige Frucht außer dem Aussehen nichts mit der Frucht gemeinsam hat, die man bei uns im Supermarkt kaufen kann.

Über einheimische Nahrung, die wir uns zuführen, verbinden wir uns mit dem Land, in dem wir leben. Das ist eine Form der energetischen Erdung, ein »Fußfassen« in der eigenen Heimat. Dasselbe gilt auch für Fleisch. Es macht einen Unterschied, ob das Schnitzel auf meinem Teller aus dem Supermarkt und somit vermutlich aus Massentierhaltung stammt oder von Hof mit artgerechter Tierhaltung.

Ich wohne auf dem Land, was diesbezüglich seine Vorteile hat. Aber auch in den meisten Städten findet sich mittlerweile ein sehr großes Angebot an Bioprodukten. Verschiedene Vereinigungen und Zusammenschlüsse, bei denen ökologische und biologische Projekte und Unternehmer zusammenarbeiten, gibt es ebenfalls. Es kostet sicherlich ein paar Stunden Zeit, sich dazu schlau zu machen, aber wenn ich wirklich und ehrlich mit Herz und Seele Verantwortung für alles Leben tragen will, ist dies ein Teil des Weges.

Es kommt weniger darauf an, was ich konsumiere, als wie ich es konsumiere.

Genauso macht es energetisch einen Unterschied, ob das Essen von Hand mit feinen Gewürzen zubereitet oder mit irgendeiner fertigen Sauce angerührt wird. Es macht wirklich Spaß, Gewürze als ganze Pflanze zu kaufen und dann selbst mit einem Mörser zu zerkleinern. Interessant ist es auch, eine Gewürzmischung als Räucherwerk auszuprobieren. Ich kann auch noch mit meinen Gedanken, die ja auch Energie erzeugen, das Essen während dem Zubereiten mit Liebe, Freude, Genuss und was mir sonst noch einfällt, aufladen.

Allergien können auch sterile Wohnräume, Zwänge, Fremdbestimmung, gebrochene Herzen und gebrochene Kinderseelen als Ursache haben. Meine Erfahrung mit dem Tomatensaft war eine Situation, in der meine Seele gebrochen wurde, was eine Allergie zur Folge hatte. Mein Schöpfungsgeschenk, mein freier Wille wurde auf gemeine Weise gebrochen und verletzt. Daraus entwickelte sich eine körperliche Abneigung gegen Tomaten. Später, als ich dann meine Lehrausbildung machte, konnte ich diese Allergie ablegen.

Oft steckt hinter einer Allergie ein solches Erlebnis oder ein Geschehen, das einen Schock ausgelöst hat. Das kann natürlich auch bei einem Tier passieren, beispielsweise wenn ein bestimmtes Tier eine Schrecksituation ausgelöst hat. Dann kann die Reaktion eine Tierhaarallergie für diese Tierart sein. In der Situation, die eine Allergie auslöst, wird oft auch ein großes Maß an Fremdbestimmung erfahren, was ebenfalls in der Lebensgeschichte von Allergikern häufig vorkommt. Meist ist ein äußerlicher Faktor für das Entwickeln einer Allergie verantwortlich, sei es ein Schockerlebnis mit einem Tier, eine übersaubere Mutter, die täglich alles desinfiziert, oder, wie in meiner eigenen Geschichte, ein Zwang, etwas gegen seinen Willen verzehren zu müssen.

Übung – alte Verletzungen heilen

Ich suche mir einen Platz, an dem ich ungestört bin. Das kann in einem Raum sein, aber auch sonst überall, wo ich mich wohlfühle. Ich bereite mich mit der Kraft des Visualisierens auf eine Traumreise vor, indem ich einen für mich stimmigen Rahmen schaffe. Wenn ich möchte, kann ich vor Beginn auch einen Schutzkreis ziehen.

Dann begebe ich mich in eine Körperhaltung, in der ich bequem eine Weile bleiben kann, und entspanne mich. Mithilfe meines Atems, der tief in den Bauchraum hineinreicht, verabschiede ich meine alltäglichen Gedanken.

Dann erkenne ich vor meinem inneren Auge einen wunderschönen Regenbogen. Noch während ich diesen Regenbogen betrachte, löst sich daraus eine Farbe und hüllt mich in ein klares kräftiges farbiges Lichtei ein. Dieses Lichtei schützt, heilt und trägt mich während meiner Reise.

Der Regenbogen verschwindet, und ein dichter Nebel taucht auf. Wenn der Nebel sich lichtet, stehe ich vor einer verschlossenen Tür. Ich öffne diese Tür und trete über die Schwelle. Auf der anderen Seite befindet sich eine blühende Blumenwiese, die in allen nur erdenklichen Farben leuchtet. Während ich nun, eingehüllt in mein schützendes Lichtei, inmitten dieser Schönheit stehe, kommt ein Mensch über die Wiese auf mich zu. Es ist ein Mensch, der mich irgendwann in meinem Leben sehr verletzt hat. Sobald er vor mir steht, betrachte ich ihn genau. Ich öffne mein Herz, dann lege ich meine rechte Hand auf sein Herzchakra. Meine linke Hand lege ich auf seinen Solarplexus. Anschließend nehme ich meine Hände wieder weg und erkenne, dass ich in sein Herz eine wunderschöne rosafarbene Blume gepflanzt habe.

An seinem Solarplexus erscheint eine Spirale, die nach außen hin geöffnet ist. Aus ihrer Mitte tauchen Fäden auf, die mit meinem eigenen Sonnengeflecht verbunden sind. Ich nehme diese Schnüre und durchtrenne sie mit einem Hilfsmittel meiner Wahl. Anschließend überprüfe ich, ob wirklich alle Schnüre durchtrennt wurden. Dann versorge ich meine Enden der Schnüre in meinem Sonnengeflecht, indem ich sie mit meiner Hand kraftvoll, jedoch ebenso sanft in mein Sonnengeflecht schiebe. Danach versorge ich das Sonnengeflecht des anderen Menschen. Ich schiebe seine Schnurenden auf dieselbe Weise in sein Sonnengeflecht und lege ein heilsames Blumenmandala oder Kräutermandala auf sein Sonnengeflecht, vielleicht trage ich auch eine Heilsalbe auf. Ich bedanke mich bei diesem Menschen für die Erfahrungen, die ich durch ihn machen durfte, und verabschiede mich. Ich gehe durch die Tür zurück und komme mit meiner Aufmerksamkeit wieder im Hier und Jetzt an.

Bei dieser Übung ist es wichtig, offen zu sein für das, was kommt. Es kann beispielsweise sein, dass ein Mensch auftaucht, an den ich gar nicht gedacht habe. Dann ist dieser aber genau der richtige für diesen Moment. Ich kann diese Übung auch öfter machen, aber ich sollte nie mehr als einen Menschen pro Übung auf der Blumenwiese empfangen. Solche energetischen Übungen wirken nach, es dauert eine Weile, bis mein Energiekörper sich auf die neue Struktur eingestellt hat. Diese Zeit sollte ich ihm lassen.

Gesunde Grenzen

Als ich in sehr hohem Maße von meiner Schwester verletzt wurde, setzte ich das erste Mal in meinem Leben eine Grenze. Ich zeigte ihr durch mein Verhalten ganz klar, dass sie jetzt zu weit gegangen war. Gewalt war dazu zwar sicher der falsche Weg, aber etwas anderes hatte ich ja bis dahin nicht gelernt.

Jeder Mensch hat seine natürlichen Grenzen, und es gibt auch kollektive Grenzen. Dazu zählen zum Beispiel die Menschenrechte oder auch die zehn Gebote. Darüber hinaus hat aber auch jeder Mensch selbst einige persönliche Grenzen. Das gemeinschaftliche Leben baut auf der Einhaltung bestimmter Grenzen auf. Dieses System kann ich aber nur verstehen, wenn auch meine Grenzen geachtet werden und wenn mir irgendwann beigebracht wurde, wo die jeweiligen Grenzen der anderen Menschen liegen.

Einem Kind, das ohne gültige Regeln und Grenzen aufwächst, fehlt die Orientierung. Genauso ist es aber auch wichtig, dass jede Regel, die aufgestellt wird, für das Kind nachvollziehbar ist. Es nützt wenig, einem Kind vorzuschreiben, dass es nur eine Stunde am Tag fernsehen darf, wenn man selbst mehrere Stunden pro Tag vor dem Gerät verbringt.

Eine gute Übung, um den Umgang mit Grenzen zu lernen, ist es, sich selbst einen persönlichen Platz zu schaffen. Das kann zum Beispiel ein Zimmer oder auch ein besonderer Sessel sein, wenn nur wenig Platz vorhanden ist. Möglich ist auch ein Platz in der freien Natur, an dem ich mich wohlfühle und der ein wenig abgelegen oder versteckt ist. Diesen Platz kann ich für mich entsprechend gestalten, zum Beispiel mit einem Altar, mit einer Kuscheldecke oder auf jede andere Art, die mir gefällt. Diesen Platz darf niemand ohne meine Erlaubnis betreten. Alle anderen Menschen müssen dies respektieren. Natürlich steht auch jedem anderen Mitglied meiner Gemeinschaft solch ein eigener Platz zu.

An diesem Platz kann ich über meine Grenzen und meine Freiräume nachdenken, sie neu sortieren und sie auf ihre Gültigkeit prüfen. Dieser Platz kann auch eine Rückzugsmöglichkeit werden, die allen verdeutlicht, dass ich in Ruhe gelassen werden möchte. Fragen, die ich mir dabei stellen kann, sind zum Beispiel:

> **Wie frei bin ich eigentlich?**
> **Wo sind meine eigenen Grenzen?**
> **Wo beginnt meine Freiheit?**
> **Wo beginnen die Grenzen der anderen, wo endet meine Freiheit?**

Ich denke, die eigene Freiheit hört dort auf, wo sie eine andere Lebensform eingrenzt. Das tun wir in unserer Welt eigentlich täglich, genau so, wie wir auch selbst in unserer Freiheit begrenzt werden. Das ergibt sich meiner Meinung nach aus den Ansprüchen unserer Umwelt an uns.

Beispiele dazu: Wenn ich mir die Freiheit nehme, in meinem Job immer mal wieder »blau zu machen«, beschneide ich die Freiheit der anderen Mitarbeiter, weil sie meine Aufgaben zusätzlich auch noch übernehmen müssen. Mache ich so etwas öfter, verliere ich ziemlich sicher meinen Job. Das bringt mich dann irgendwann in eine Situation mit eingegrenzten finanziellen Möglichkeiten. Damit verliere ich aber ein Stück Freiheit. Ich habe also durch das Übertreten einer Grenze in der Gemeinschaft »Arbeitswelt« letztlich mir selbst ein Stück Freiheit genommen. Außer natürlich, ich bin in der Lage, mich von der Enge des finanziellen Aspektes zu lösen, was aber in unseren Ländern recht schwierig ist.

Auch ein Elternteil, das seine Familie verlässt, weil es sich mehr Freiheit ersehnt, beschneidet dadurch die Freiheit der anderen Familienmitglieder.

Freiheit und Grenze liegen sehr eng beieinander, und beide sind von Bedeutung für unser Leben. Daher ist es wichtig, ständig aufs Neue zu prüfen, ob die von mir gelebten Grenzen und Freiheiten meinen Lebensumständen und meinem Denken noch entsprechen.

Freiheit und Selbstliebe bedingen sich gegenseitig, aber auch die Liebe zu anderen und das Achten ihrer Grenzen gehören zusammen – oft wird das in unserer Gesellschaft missverstanden. Wenn ich aber in der Lage bin, mich selbst zu lieben, kann ich auch andere lieben und achte und respektiere infolgedessen meine Grenzen und Freiheiten ebenso wie die der anderen.

Hier eine Geschichte mit Gedanken zur Liebe und zur Freiheit, die beschreibt, was ich damit ausdrücken möchte.

Die Liebe und die Freiheit
von Walter Kikelj

An einem schönen klaren Morgen, als die Vögel zwitscherten und eine leichte Brise durch die Tannen strich, begegneten sich die Liebe und die Freiheit auf einer einsamen Lichtung inmitten eines tiefen Waldes, in den noch nie ein Mensch seinen Fuß gesetzt hatte. An diesem schönen Morgen, als gerade die ersten Sonnenstrahlen durch die Bäume blitzten, sahen sich die Freiheit und die Liebe. Sie erkannten sich gegenseitig und waren eingetaucht in das goldene Licht der frühen Sonne. So fanden sie sich und wussten sofort, dass sie füreinander bestimmt waren. Sie verbrachten eine glückliche Zeit miteinander – die Liebe und die Freiheit. Und weil sie es so gut miteinander hatten, wünschten sie sich, ihr Glück mit jemandem zu teilen. Und so machten sie sich auf den Weg. Sie liefen auf weichem Moos und auf saftigen Wiesen mit bunten Blumen und unter vielen Bäumen hindurch. Ihren Weg säumten Flüsse und Bäche. Seen spiegelten den Sonnenschein wider, und die Wolken schirmten sie ab und schwebten über sie hinweg. Ob Regen oder Schnee, Sonnenschein oder Nebel, sie erlebten alles auf ihrem Wege; denn alles war darauf aus, die Liebe und die Freiheit ungeteilt zu erfahren. Sie begegneten kleinem Getier, Käfern und Schmetterlingen, Rehen und Hasen. Adler und Fische grüßten die Liebe und die Freiheit. Uneingeschränkt konnten die Liebe und die Freiheit ihr Glück mit ihnen teilen.

Nach langer Zeit kamen sie zu einem einsamen Häuschen. Dort entdeckten sie zwei Menschen, eine Frau und einen

Mann. Die Liebe und die Freiheit merkten, dass es nicht leicht sein würde, diesen ungeteiltes Glück zu bringen. Der Mann liebte die Frau und begehrte sie sehr. Es verzehrte ihn; wie Feuer brannte es in seiner Brust. Es zog ihn zu ihr, sein Verlangen zu stillen. Dabei beachtete er aber nicht die Freiheit ihrer Würde, ihre innere Freiheit der Bereitschaft, geben zu können, wenn sie geben wollte – nicht einfach, wenn der Mann es erwartete. Die Frau schätzte den Mann sehr und achtete ihn, sodass sie sich ohne ihn bald unwichtig und verlassen vorkam. So zog sie ihn in ihrer Liebe an sich und ließ ihn nicht los. Ob er nun gehen oder bleiben wollte, sie achtete seine innere Freiheit nicht. Sie wollte ihn besitzen. Die Liebe und die Freiheit zogen weiter, um den Menschen ungeteiltes Glück zu bringen.

Sie kamen schließlich in einen kleinen Ort. Dort gab es Frauen und Männer, Kinder und Familien. Sie fanden dort einen Mann mit einer schwarzen Robe, der in der Mitte des Ortes, in einem Haus mit Turm, die Leute lehrte. Mit einer Glocke im Turm rief er die Menschen zusammen, und man traf sich in diesem Haus. So beschlossen die Liebe und die Freiheit, diesem Mann ungeteiltes Glück zu bringen. Denn sie sahen, dass dieser Mann einen großen Einfluss auf die Menschen im Ort hatte. Die Liebe und die Freiheit wollten schließlich allen Menschen ungeteiltes Glück zukommen lassen. Doch die Liebe und die Freiheit mussten mit ansehen, wie sie wieder geteilt wurden. Der Mann stellte die Liebe auf ein Podest und verehrte sie. Hoch oben stand sie und sollte versteinert und verstaubt in Sitte und Moral und in Treue und Standhaftigkeit ihre Haltung bewahren. Jegliche Lebensfreude wurde ihr genommen. Nach der Freiheit wurde gar nicht gefragt. Die Freiheit sah – verlassen und einsam –, dass den Menschen der Glauben und das Vertrauen fehlten, das Vertrauen, dass sich die Liebe in Freiheit in jedem Augenblick ereignen kann.
Die Freiheit und die Liebe gingen weiter in eine große Stadt, in der viele Menschen wohnten. Dort wollten sie den Menschen ungeteiltes Glück bringen. Sie bemerkten dort viele Men-

schen, die sie sich zu Gruppen zusammenschlossen, um den Menschen Glück zu bringen. Waren es Menschen, die dem Handeln und Tun sehr nahe waren, so verbreiteten sie ihre Meinung von ihren rechten Machenschaften unter den Menschen. Dies nannte man Politik. Andere strebten danach, die Menschen mit Musik und Poesie und mit Tanz und Schauspiel zu unterhalten, auch solche, die mit ihren guten Taten überzeugen wollten, waren dabei. Die anderen sollten genau so werden wie sie selbst. Die Liebe und die Freiheit merkten wieder, dass es schwierig war, den Menschen ungeteiltes Glück zu bringen: Die einen richteten die anderen wegen ihrer Überzeugungen, die einen akzeptierten die anderen nicht wirklich in ihrer Art. Immer wieder überredete einer den anderen, er sollte so sein und leben, wie er es tat. Doch gab es auch Menschen, die anderen ihre Freiheit ließen, allerdings blieb ihnen keine Liebe. Echte Anteilnahme schien es nicht zu geben. Es herrschte Gleichgültigkeit zwischen den Menschen. So fühlte sich die Freiheit einsam, und die Liebe fühlte sich nicht ernst genommen.

So kehrten die Liebe und die Freiheit zurück in ihren unberührten Wald inmitten der Berge. Sie teilten ihr Glück mit den Wolken, der Nacht und dem Tag, mit den Blumen und den Tieren, mit den Bäumen und den Bächen. Nach vielen Monden hörten sie plötzlich Geraschel im Wald, das sie vorher noch nie gehört hatten. Daher schwebten die Liebe und die Freiheit über die Bäume hinweg, um zu erfahren, woher die Laute kamen. Sie sahen in der Ferne vereinzelte Menschen. Es waren Kinder, Frauen, einzelne Männer, auch einige Paare und Familien. Sie entdeckten sogar ganze Menschengruppen. Nach den vielen Wirren und Enttäuschungen, die sie sich alle gegenseitig angetan hatten, hatten sie sich auf den Weg gemacht, ihr Glück zu suchen – im tiefen Wald bei der Liebe und der Freiheit. Und sie ahnten nicht, wie nahe sie ihm waren.

Erkenntnisse • Rückschlüsse

Was ist denn Freiheit überhaupt? Kann ich sie wirklich außerhalb von mir finden? Ist es möglich, in der Welt frei zu sein, frei von allen Grenzen und Einschränkungen?

Wenn überhaupt, dann ist dies wohl nur in mir möglich. Ein Sonnenuntergang, ein lauer Sommerregen, eine gewaltige Schlucht, eine weite Ebene, der Blick von einem 3 000 Meter hohen Berggipfel über ein Land, in dem dies der höchste Berg ist, die Fahrt auf einem Motorrad und vieles mehr vermittelt uns ein Gefühl von Freiheit. Das wird zumindest häufig so gesagt. Dabei sind wir in diesen Momenten aber abhängig vom Augenblick, vom Tempokick auf dem Motorrad, von der Schönheit des Sonnenuntergangs, von der Kraft des tosenden Wassers in der Schlucht, von der Zartheit des Sommerregens, von der Weite des Landes beim Blick vom Gipfel.

Wie ist das aber nun, wenn ich das Wasser bin, wenn ich die Abendröte bin, wenn ich der Berg bin, wenn ich all das bin, von dem mir erzählt wird, das es Freiheit ist? Wenn ich weiß, dass die Freiheit existiert, weil ich sie bin. Wenn ich erkenne, dass ich mit meiner Göttlichkeit frei sein kann, weil ich mit allem, was ist, verbunden bin. Wenn ich erkenne, dass ich ein Teil jedes Augenblickes bin und merke, dass ich jederzeit und überall wirken kann, ich denke, dann kann ich sagen, dass ich frei bin.

Zum Abschluss dieses Teilkapitels folgt nun wie versprochen die Erzählung meines Mannes. Auch in ihr werden Grenzen verletzt, Freiräume missachtet und anderes Leben einfach übergangen. Doch in dieser Geschichte gibt es noch mehr zwischen Himmel und Erde als nur den Menschen.

Die rollende Trollfamilie

Es war einmal zu einer Zeit als Wünschen noch geholfen hat, da lebte eine Trollfamilie. Sie hieß »rollende Trollfamilie«. Diesen Namen hatte sie, weil die Familienmitglieder am allerliebsten gemeinsam einen Hügel hinunterrollten – und das bei jedem Wetter. Sie liebten es einfach, wenn sich alles um sie herum drehte. Darum rollten sie fast überallhin, wohin sie nur wollten. Diese Familie war immer gut gelaunt und den anderen Waldbewohnern gegenüber stets hilfsbereit. Alle rollten, ob jung oder alt, glücklich und zufrieden durchs Leben.

Ein Freund der rollenden Trollfamilie war der »laufende See«. Dieser See lief aber nur ganz selten von seinem Platz weg, ungefähr alle 1000 Jahre oder so. Dort, wo er jetzt lag, lebte er schon sehr lange, und es gefiel ihm auch sehr gut in dem kleinen ruhigen Tal. Er lebte dort schon so lange, dass er sich kaum noch erinnern konnte, wann er dort hingekommen war. Und die Trollfamilie kannte er auch schon ewig, denn auch ihre Eltern und Großeltern hatten schon an diesem See gelebt. Manchmal spielte der laufende See den seltenen Wanderern oder dem Förster einen kleinen Streich, indem er sie beziehungsweise ihn anspritzte oder plötzlich kleine Lachen an Stellen erscheinen lies, an denen kein Wasser sein sollte. Und er freute sich immer, wenn Menschen in das kleine Tal kamen. Kinder mochte er gern, besonders wenn sie im Sommer manchmal in ihm badeten. Auch die Kinder der Trollfamilie freuten sich, wenn Menschen in ihr Tal kamen, weil sie diesen immer lustige Streiche spielen konnten. Sie versteckten dann zum Beispiel die Schuhe oder die Limoflasche der Kinder. Aber am liebsten versteckten sie die Sachen der Erwachsenen, weil sich diese immer so furchtbar aufregten, wenn sie etwas nicht sofort wiederfinden konnten. Das fanden die Trollkinder wirklich lustig!

Der See liebte es auch sehr, die Regentropfen auf seiner Wasseroberfläche zu spüren, die Wärme der Sonne zu erfahren *oder das silberne Mondlicht in sich zu spiegeln. Gewitter, die für ihn wie eine Symphonie von Beethoven klangen, liebte er besonders. Er tanzte dabei immer mit all seiner Kraft zu den Melodien des Wetters. Seine Wellen schlugen hoch und drehten Spiralen. Er drehte sich im Kreis und bewegte sich auf und nieder. Wenn es eisig kalt wurde und sich das Wasser des Sees in eine harte glasklare Eisplatte verwandelte, liebte er die Ruhe und die Stille, die er in sich spürte. Dann ruhte er sich aus.*

Vater Troll war gerade im Wald in der Nähe einer Forststraße unterwegs, als er ein Geräusch hörte. Er kannte dieses Geräusch. So klangen die großen stinkenden und fahrenden Dinger, in denen die Menschen oft in das Tal kamen. Er hatte es sofort erkannt, denn er mochte dieses Geräusch nicht. Der Gestank, der mit diesem einherging, verpestete den ganzen Wald. Er konnte gar nicht verstehen, dass Menschen in solchen stinkenden Dingern durch die Gegend fuhren und gleichzeitig aber behaupteten, dass Schweine stanken. Diese sind ja schließlich mit uns Trollen verwandt wie mit allem Leben, dachte er bei sich. Das Auto blieb an einer Stelle stehen, an der sich eine besonders schöne Sicht über den See und das ganze Tal bot. Vater Troll rollte schnell in die Nähe der Menschen. Er war neugierig und wollte wissen, was sie wollten. Er rollte so nahe, wie er sich traute, an die Menschen und ihr Stinkeding heran und versteckte sich hinter den Zweigen eines Busches am Straßenrand. Auf einer Seite des Autos stieg ein riesiger Mensch aus, er war mindestens zwei Meter groß und hatte Schultern wie ein Bär. Wenn er grinste, blickte man auf das größte Gebiss der Welt. Jeder Zahn war ungefähr so groß wie ein Dominostein. Er war der Fahrer des Stinkedings und allgemein nur als das fahrende Gebiss bekannt. Das fahrende Gebiss öffnete die andere Autotür, und ein zweiter Mann stieg aus. Dieser Mann war eher klein und hatte schmale, gierig blickende Augen. Er war dick und hatte ein fieses Gesicht. Doch er war in feine teure Stoffe gekleidet. Er erklärte nun dem fahrenden Gebiss, dass er im Tal und um den See herum eine Golfanlage errichten würde. An den See käme eine große

Clubanlage mit Hotel. Rundherum würden Teile des Waldes abgeholzt und Golfbahnen angelegt werden. Zusätzlich würde es Boote für den See und auch einen Badestrand geben. Und weil das Tal so etwas Besonderes sei, würde die ganze Anlage etwas ganz Exklusives werden. Es hätten nämlich nur noch Leute mit viel Geld Zutritt. Anschließend erklärte der dicke Mann dem fahrenden Gebiss, was dieses alles in die Wege leiten solle. Er übertrug dem fahrenden Gebiss die Aufgabe, die Baufirmen und die Baumfäller zu organisieren, damit diese noch in der nächsten Woche mit ihrer Arbeit beginnen konnten.

Am selben Tag noch informierte das fahrende Gebiss die notwendigen Firmen und vereinbarte mit ihnen Termine. Er gab ihnen Anweisungen und eine Wegbeschreibung zum See, an dessen Ufer das Hauptgebäude der Anlage gebaut werden sollte. Das alles konnte der rollende Troll in seinem Versteck mit anhören. Bei allem, was er erfuhr, wurde ihm schwer ums Herz. Er war plötzlich furchtbar aufgeregt und lief auf dem kürzesten Weg zu seiner Familie zurück. Zu Hause angekommen erzählte er seiner Frau und seinen Kindern, was er oben an der Straße erfahren hatte. Die Frau und die Kinder waren erst einmal sprachlos. Weil sie nicht wussten, was sie tun sollten, gingen sie alle gemeinsam zu ihrem Freund, dem laufenden See.

Nachdem sie dem See die ganze Geschichte erzählt hatten, war auch er sehr betroffen. Dennoch sah er die Angelegenheit gelassener als die Trollfamilie. Der See sagte dazu: »Ich werde den Menschen nun wieder einmal einen Streich spielen und einfach von hier weglaufen. Ich werde einfach ein Stück weit durch den nächsten Wald und über den Berg laufen und mich dort verstecken. Wenn ich weg bin, wollen die Menschen vielleicht gar keine Anlage mehr bauen.« Die Trollfamilie war sehr traurig, dass ihr Freund, der See weggehen würde, aber sie hatte auch keine bessere Idee. Der See versprach ihr, dass er bald wieder zurückkehren würde. Das konnten aber bei einem See schon einige hundert Jahre bedeuten. Sogleich machte sich der See auf den Weg und war kurz darauf bis auf einige wenige, kleine Wasserlachen auch schon verschwunden. Die Pflanzen und Steine auf seinem Weg wurden von ihm gründlich aber sanft gewaschen.

Einige Tage darauf kamen die Arbeiter und wollten mit ihrer Arbeit beginnen. Sie hielten sich genau an die Wegbeschreibung, die sie von dem fahrenden Gebiss erhalten hatten und kamen schließlich zu der Waldlichtung, auf der auch der Troll mit seiner Familie lebte. Aber sie konnten keinen See erblicken. So sehr sie sich auch umschauten, nirgends war ein See zu entdecken. Daher beschloss der Chef der Bautruppe, das fahrende Gebiss anzurufen. Dieses kam auch sogleich, um sich selbst vor Ort ein Bild der Lage zu machen. Schließlich war er ja einige Tagen zuvor dort gewesen und hatte den See selbst gesehen. Auf der Lichtung angekommen, traute er seinen Augen nicht. Der See war tatsächlich verschwunden. Bis auf ein paar kleine Tümpel, war das Tal leer. Dort, wo vorher der See gelegen hatte, befand sich nun ein leeres Becken. Das fahrende Gebiss informierte seinen Boss, den kleinen dicken Mann, mit dem fiesen Gesicht und den gierig blickenden Augen. Dieser brüllte fürchterlich wütend ins Telefon. Er beschimpfte das fahrende Gebiss und die ganze Welt und befahl, dennoch wie geplant mit dem Bau der Anlage zu beginnen. Den See würde er dann eben künstlich anlegen lassen.

So geschah es dann auch. Die Arbeiter begannen, die ersten Bäume zu fällen und die ersten Gebäude der Clubanlage zu errichten. Die Trolle waren verzweifelt. Sie wussten keinen Rat. Schon hatten sie aus ihrem Häuschen weichen und tiefer in den Wald hineinziehen müssen, weil die Arbeiter ausgerechnet neben ihrem Wohnbaum ihr Klo aufgestellt hatten, das furchtbar stank. Trotzdem versuchten sie alles, um den Bau zu verhindern. Jeden Tag versteckten sie das Werkzeug der Arbeiter, sodass diese vieles neu kaufen mussten. Sie versteckten die Schlüssel der Bagger und Baumaschinen, die dann teilweise den ganzen Tag stehen bleiben mussten, bis neue Schlüs-

sel gemacht worden waren. Die Menschen konnten sich nicht erklären, was los war. Es verging kein Tag, an dem für die Menschen alles wie geplant verlief. Die Verzögerungen und Mehrkosten waren dann auch der Grund dafür, dass die Clubanlage und ihre Gebäude nur halb so groß wurden, wie ursprünglich geplant. Der Badesee wurde ganz weggelassen. Der dicke Mann und das fahrende Gebiss wurden immer grantiger. Sie schrien und brüllten auf der Baustelle herum, sodass sie im ganzen Tal zu hören waren. Viele Tiere zogen sich deshalb tiefer in den Wald zurück.

Aber die Trollfamilie liebte ihre Heimat, sie wollte dort bleiben, wo sie schon immer gelebt hatte. Sie hütete doch dieses Tal seit Generationen. Die Trolle schafften es nicht, die Menschen gänzlich vom Bau abzuhalten, und so wurde die Anlage immer weiter ausgebaut. Eines Nachmittags, als die Familienmitglieder betrübt zusammen in ihrem neuen Baumhaus saßen, hörten sie draußen jemanden singen. Die Stimme kam ihnen bekannt vor, und ein freudiges Lächeln huschte über das Gesicht eines jeden Trolls. Die Trolle sprangen auf und liefen hinaus, und tatsächlich, es war ihr Freund das »hüpfende Auge«, das Weltenauge! Es war zwar im Tal geboren, war aber schon seit Ewigkeiten unterwegs in den Welten. Liebevoll und herzlich begrüßten sie den seltenen Gast. Sie erzählten dem hüpfenden Auge ihre ganze Geschichte und berichteten auch von ihrem damit verbundenen Problem. Das Auge hörte aufmerksam zu, dann überlegte es eine Weile, stand schließlich auf und schaute nachdenklich aus dem Fenster. Von dort konnte es die schweren Maschinen der Arbeiter sehen. Es hörte das Kreischen der Sägen, die in das Fleisch der Bäume fuhren, es hörte auch das Knirschen, das wie brechende Knochen klang, wenn unter den Ketten der Bagger Steine zerdrückt wurden. Schließlich drehte es sich zu den Trollen um und sagte: »Ihr habt gesagt, dass die Anlage unten in dem Becken gebaut wird, in dem früher der See gelegen hat, oder?« – »Ja«, antworteten die Trolle. Das hüpfende Auge grinste und sagte: »Na, dann werden wir dafür sorgen, dass die dort unten uns richtig kennenlernen!«

Es erklärte den Trollen seinen Plan. Zuvor hatte Vater Troll ihm noch einen Zettel gezeigt, den er gefunden hatte. Auf seinen Reisen hatte das Auge lesen gelernt und konnte somit dem Troll erklären, dass dieses bunte Stück Papier mit den Zeichen darauf die Ankündigung zur Eröffnung der Golfanlage war. »Es wird eine große Veranstaltung werden. Die drei weltbesten Golfspieler werden die Anlage eröffnen, und alle Menschen aus der Gegend, die reich und wichtig sind, sind eingeladen. Radio und Fernsehen werden dabei sein, eine Unterhaltungsmusikband mit dem Namen »Golden Golf Quintett« wird auftreten, und zum Essen gibt es nur das Beste vom Besten. Die Eröffnung findet in zwei Wochen statt.« Das hüpfende Auge wollte sich sofort auf die Suche nach dem laufenden See machen. Sobald es ihn gefunden hätte, würde es ihm sagen, dass er sich sofort auf den Weg machen und in sein altes Becken zurückkehren solle. Der See sollte versuchen, am Tag der Eröffnung wieder zurück zu sein. Bis der See kam, sollten die Trolle die Leute »ein bisschen bei Laune halten«. Gesagt, getan. Das hüpfende Auge machte sich auf den Weg in die Richtung, in die der See verschwunden war. Die Zeit verging, und der Tag der Eröffnung rückte immer näher.

Die Trollfamilie hatte weder von ihrem Freund, dem hüpfenden Auge, noch vom laufenden See etwas gesehen oder gehört. Immer noch ärgerten die Trolle die Menschen, indem sie ihre Sachen versteckten, und immer noch konnten sie die Menschen dadurch ein bisschen in ihrer Arbeit aufhalten. Aber sie konnten letztlich doch nicht verhindern, dass der letzte Tag vor der Eröffnung kam. Die Gebäude waren fertig, die Golfanlage mit ihrem langweiligen grünen, kurz geschnittenen Rasen war im ehemaligen Becken des Sees und auf den gerodeten Waldflächen angelegt worden. Das fahrende Gebiss und der dicke Mann mit dem fiesen Gesicht standen auf der Anhöhe und schauten grinsend ins Tal. »Ja, so ist es schön, fahrendes Gebiss«, sagte der dicke Mann, »Schau nur, was für eine Goldgrube wir in diesem langweiligen öden Tal geschaffen haben! Morgen nach der Eröffnung, wenn der Club in allen Fernsehsendern gezeigt worden ist, ja, warte nur ab, dann müssen wir beide für den Rest unseres Lebens nicht mehr arbeiten. Dann können wir von dem leben, was die Leute hier bezahlen.« Das fahrende Gebiss lachte und sagte: »Ja Boss, ganz genau so wird es sein.«

Am nächsten Tag sollte die Anlage eröffnet werden. Ganz früh am Morgen schon, noch bevor die ersten Sonnenstrahlen über die Berge in das kleine Tal schienen, begann die rollende Trollfamilie schweren Herzens, ihre Sachen zu packen. Die Trolle hatten beschlossen, das Tal zu verlassen, nachdem sie alles in ihrer Macht stehende unternommen hatten, den Bau zu verhindern. Sie wollten keinesfalls mit all den vielen Menschen und ihren Stinkedingern, die dann ständig herumfahren würden, hier leben. Gerade als sie fertig waren, hörten sie eine aufgeregte, ihnen bekannte Stimme rufen: »Trolle, he, Trolle, wartet! Ich bin zurück! Der See ist unterwegs! Ich habe ihn gefunden, er braucht aber noch ein paar Stunden, bis er hier im Tal ist!« Es war das hüpfende Auge! Ihr Freund war zurückgekommen, er hatte es geschafft und den laufenden See gefunden. Die Trolle fassten neuen Mut, sie beschlossen, ein letztes Mal den Versuch zu starten, ihr Tal und ihre Heimat zurückzuerobern.

Die Trollfamilie und das Auge versteckten sich ganz in der Nähe der Golfanlage. Die Sonne stieg über die Berge, und die ersten Menschen rollten mit ihren Stinkedingern an. Stundenlang wurden alle möglichen komischen Dinge ausgepackt. Das hüpfende Auge, das weit in der Welt herumgekommen war, erklärte der Trollfamilie, dass dies die Gerätschaften der Fernsehfirmen waren. Das Auge erklärte ihnen auch, was Fernsehen, ein Buffet und ein Cocktailempfang waren. Die Trollfamilie lauschte den Worten ihres Freundes aufmerksam. Trotzdem konnte sie nicht verstehen, warum sich Menschen schöne Dinge wie ihr Tal lieber in einem viereckigen Kasten anschauten, statt selbst ein Tal in ihrer Gegend aufzusuchen. Denn dann könnten sie es auch riechen, den Wind spüren, die Vögel hören und das Wasser trinken.

Als die Sonne schon fast Mittag anzeigte, waren inzwischen wirklich viele Menschen da. Alle waren in feine edle Stoffe gekleidet. Musik spielte, und es wurde gegessen und getrunken. Dann auf einmal wurde die Stimmung aufgeregter. Die Menschen begannen zu klatschen und zu jubeln. Drei feine Herren kamen über die Treppe des Clubhauses herunter. Es waren die drei weltbesten Golfspieler. Alle Fernsehkameras schwenkten in ihre Richtung, und die Golfspieler wurden von den übrigen Menschen aufgeregt umringt. Nach einer Weile nahmen die drei ihre Golfschläger und gingen in Richtung des neuen Golfplatzes. Menschen und Fernsehleute folgten ihnen. Das hüpfende Auge und die Trollfamilie folgten ihnen unauffällig und versteckten sich in einem Blumenbeet, das ganz in der Nähe der Spieler war. Ohne ein Wort zu sagen, hüpfte das Auge plötzlich aus dem Versteck. Bevor irgendjemand etwas bemerken konnte, hatte es den Golfball, der für den ersten Schlag auf dem neuen Platz schon bereitlag, beiseite geworfen und seinen Platz eingenommen.

Der erste Spieler wählte einen Golfschläger aus und ging langsam und konzentriert auf den vermeintlichen Ball zu. Das Auge lag mucksmäuschenstill mit geschlossenem Augenlid da. Es sah wirklich aus wie ein Golfball – ebenso groß und genauso weiß. Der Spieler hielt seinen Schläger ganz dicht an den Ball und schaukelte ihn leicht hin und her. Die Zuschauer waren regungslos vor Spannung. Alle Fernsehkameras waren auf ihn gerichtet. Er holte aus und schaute noch einmal auf den Ball. In diesem Moment öffnete das Auge sein Lid und blickte dem Spieler direkt ins Gesicht! Mitten im Schwung ließ der Spieler seinen Schläger los und begann, wie ein Verrückter zu schreien: »Der Ball, der Ball, er hat mich angeschaut! Das ist kein normaler Ball!« Schreiend lief er vom Platz. Die Menschen blickten ihm staunend nach. Der zweitbeste Golfspieler dachte sich: »Das kann mir nur recht sein! Was er gerade gemacht hat, hat seine Kariere beendet. Vor laufenden Fernsehkameras so auszuflippen, dann ist es aus.« Siegessicher ging er auf den Ball zu. Das Auge lag wie zuvor wieder mit geschlossenem Lid da und sah aus wie ein Golfball. Die Zuschauer hatten sich inzwischen wieder beruhigt und konzentrierten sich erneut auf das Spiel. Nun stand der zweite Spieler am Ball. Er nahm die Spielposition ein, atmete tief durch, holte schwungvoll aus und zog den Schläger durch. Im letzen Augenblick hüpfte das Auge zwei Zentimeter zur Seite und blieb dort liegen. Ungläubig starrte der Spieler mit dem Schläger in der Hand auf den Ball. Ein Raunen ging durch die Menge. »Seit 20 Jahren habe ich keinen Ball mehr verfehlt!« sagte der Spieler. Sein Schläger fiel auf den Rasen, und er verließ murmelnd und kopfschüttelnd den Platz.

Daraufhin trat der drittbeste Spieler vor und stellte sich in Spielposition. Ein schneller Blick, ein zügiges Ausholen und, noch bevor sich das Auge versah, wurde ihm ein so kräftiger Schlag mitten auf das Lid versetzt, dass es augenblicklich Sternchen sah. Ihm wurde schwindlig, und es verlor die Orientierung. Erst hoch oben in der Luft kam das Auge wieder zu sich. Da wurde es furchtbar wütend. Noch nie war es von jemandem so gemein und fest geschlagen worden! Es blieb für den Bruchteil eines Augenblicks hoch oben in der Luft stehen, dann drehte es um und flog mit voller Kraft auf den Golfspieler zu. Diesen traf das Auge mitten auf den Kopf, an die Stelle, an der das dritte Auge sitzt. Nun war es der Spieler, der in Ohnmacht fiel. Während das Auge durch die Luft geflogen war, hatten die Trolle die Gelegenheit genutzt, dass die Aufmerksamkeit der Menschen auf die Spieler gerichtet war. Sie hatten alle Schlüssel, Taschen, Jacken und anderen Sachen, die sie finden konnten, in den Blumenbeeten und in den Ecken und Nischen der Anlage versteckt. Sie hatten auch den Menschen, die Schuhe zum Schnüren hatten, die Schnürsenkel ihrer Schuhe zusammengebunden. Nachdem das hüpfende Auge zurückgeflogen war, begann es, wild und ungezügelt durch die Menschenmenge zu hüpfen. Kreuz und quer sprang es durch die Menge, zerbrach dabei die Gläser mit den Cocktails, durchlöcherte die Hüte der feinen Damen und hüpfte sich in jede einzelne Speise des Buffets. Keiner konnte das Auge fangen, es war viel zu schnell. Die Menschen gerieten langsam in Panik. Alle wollten gleichzeitig davonlaufen. Diejenigen, deren Schuhe zusammengebunden waren, fielen erst einmal auf den Boden. Die anderen begannen, ihre Sachen zu suchen und überall herumzulaufen.

Plötzlich rief jemand: »Wieso bekomme ich nasse Füße? Es ist doch strahlender Sonnenschein!« Und tatsächlich, zwar stand die Sonne hoch am Himmel, doch unter den Füßen der Menschen bildeten sich Wasserlachen. Der Rasen wurde glitschig, überall entstanden Tümpel und Wasserlöcher. Der See war zurückgekommen. Genau im richtigen Moment! Nun brach unter den Menschen richtige Panik aus. Sie schrien und kreischten, rannten durcheinander und versuchten, ihre Autos zu starten. Doch dafür war es zu spät, das Wasser war schon zu hoch. Der See füllte nach und nach sein altes Becken wieder auf. Dabei spülte er die Menschen sanft an sein Ufer. Keinem einzigen passierte etwas, denn eigentlich mochte der See ja die Menschen, außer, sie zerstörten gerade seine Heimat. Die Menschen, die am Ufer angespült wurden, standen nun ohne Autos und pitschnass da. Den Frauen lief die Schminke in farbigen Streifen herunter, und die teuren Kleider und Frisuren waren nur noch Fransen und Fetzen. Manche hatten sich die Schuhe ausgezogen und liefen nun barfuß. Auch der dicke Mann und das fahrende Gebiss waren ans Ufer gerettet worden. Die anderen Menschen waren sehr wütend auf die beiden. Sie würden auf Schadensersatz verklagt werden, das war ihnen klar. Die Menschen machten sich alle zusammen zu Fuß auf den Weg zurück in die Stadt. Keiner wollte noch länger an diesem Ort bleiben.

Als die Menschen oben an der Stelle ankamen, von der aus der See und das ganze Tal zu sehen waren, blieben der Dicke und das fahrende Gebiss stehen und schauten hinunter auf das Tal. Es sah beinahe so aus wie damals, als sie zum ersten Mal mit dem Auto dort gewesen waren und hinuntergeschaut hatten. Von der gesamten Anlage war nichts mehr zu sehen.

Ruhig und klar lag unten der See in seinem Becken. Ein paar Bäume fehlten am Seeufer, aber sonst waren keine Spuren der Golfanlage mehr zu entdecken. Die beiden drehten sich um, und jeder dachte für sich, dass er wohl nie verstehen würde, was passiert war. Außerdem nahm sich der Dicke vor, nie wieder eine Golfanlage in ein Tal zu bauen.

Der See, das Auge und die Trollfamilie feierten in der Zwischenzeit ein großes Fest. Dazu luden sie all die Tiere ein, die damals vor den Baumaschinen geflüchtet waren. Alle kamen. Es wurde ein wunderschönes Fest am Ufer des Sees. Alle Gäste erzählten sich die alten Geschichten aus dem Tal. Eine neue Geschichte war dazu gekommen, die an anderen Abenden erzählt werden würde. Es sollten auch noch mehr Geschichten dazukommen, wie zum Beispiel die, in der die Trollkinder in der Golfanlage auf dem Grund des Sees mit den Wassermännern und Seejungfrauen Golfturniere abhielten und verstecken spielten.

Diese Geschichte zeigt schön, was passieren kann, wenn Grenzen überschritten und Freiräume anderer verletzt werden. Die Trolle, der See und auch die anderen Bewohner des Tals konnten gut mit den gelegentlichen Besuchern im Tal umgehen. Sie freuten sich sogar über die Abwechslung. Doch als ihr Tal und somit ihre Heimat in Gefahr war, begannen sie, sich zu wehren.

Im heutigen Island werden Wesen wie die Trolle voll und ganz akzeptiert. Dort gibt es Straßen, die mitten in der Landschaft enden, weil an dieser Stelle ein Zwergenhügel steht, der unverbaut bleiben muss. Dann gibt es dort eben keine Straße, und das kleine Volk kann weiter an seinem angestammten Platz leben.

Die Veränderungen nehmen Form an ...

In der Schule war ich weiterhin eine Außenseiterin. Ich war eine schlechte Schülerin, besonders in Englisch war ich schwach. Ich musste deshalb die erste Klasse wiederholen.

Im Sport und in Zeichnen war ich aber wirklich gut. Bald gehörte ich im Sport, in Schwimmen und Leichtathletik, zu den Besten, und ich begann, in meiner Freizeit regelmäßig zu trainieren. Das verschaffte mir zusätzliche Stunden, in denen ich von zu Hause wegbleiben konnte. Meine Mutter war immer noch depressiv, trank viel zu viel und verbrachte die meiste Zeit im Bett. Abends musste ich meine Schwester ins Bett bringen und ihr Gutenachtgeschichten vorlesen, bis sie einschlief. Manchmal dauerte das sehr lange. Aber immer las ich danach noch für mich unter der Bettdecke mit einer Taschenlampe meine eigenen Bücher, die ich aus der Schulbücherei ausgeliehen hatte. Das waren Bücher wie *Momo* und *Die unendliche Geschichte* oder Sagen und Legenden aus meiner Heimat, Bücher über Könige, Zauberer und auch geschichtliche Abhandlungen über die Menschen meiner Region. Letztere las ich schon allein wegen des Geschichtsunterrichts in der Schule.

In den drei Jahren, in denen wir in dem Haus auf dem Land lebten, das wir beim Einzug von Grund auf neu eingerichtet hatten, begann ich, mir Freiräume zu schaffen und Grenzen zu setzen. Ich entzog mich ganz bewusst und gezielt mehr und mehr dem Einfluss meiner Eltern. Wenn ich keine Schule und kein Training hatte, war ich im Wald. Ich kam abends nach Hause, erledigte meine Haushaltspflichten wie Abwasch oder Böden schrubben, brachte meine Schwester ins Bett und ging dann selbst schlafen.

Morgens stand ich allein auf, wenn etwas zu essen da war, richtete ich mir ein Frühstück und eine Jause. Manchmal klaute ich auch ein wenig Geld aus einer der Jackentaschen meines Stiefvaters. In jeder Tasche war immer ein bisschen Kleingeld, und so konnte ich mir damit in der Schule eine Jause kaufen. Das tat ich meistens an Tagen, an denen ich Nachmittagsunterricht hatte. Als ich dabei einmal von meinem Stiefvater erwischt wurde und daraufhin ziemliche Prügel bekam, änderte ich meine Strategie. Ich begann, Kleinigkeiten von zu Hause mitzunehmen, wie zum Beispiel Sachen, die überall herumstanden und auch Spielsachen von meiner Schwester und mir. Mittags in der Schule machte ich dann eine Tombola. Es gab doppelt so viele Lose wie Preise. Meistens hatte ich so um die zehn Preise dabei, ein Los kostete fünf Schilling. So verdiente ich einige Zeit mein Jausengeld. Bis der Direktor meine Mutter eines Tages anrief und ihr sagte, dass Glücksspiel in der Schule verboten sei. Danach war ich wieder für ein paar Wochen ohne Essen.

Manchmal im Leben begegnen einem Menschen Engel, Engel in Menschengestalt. Oft merkt man erst viel später, dass man einem solchen Engel begegnet ist. Mein Engel in der Schule war die Frau, die den Schulkiosk leitete. Sie hatte mich schon lange beobachtet und dann mit den Lehrern und dem Direktor arrangiert, dass ich bei ihr im Kiosk helfen durfte. Dafür bekam ich dann von ihr meine Jause.

In den Sommerferien vor meinem elften Geburtstag saß ich an einem wunderschönen Tag hoch oben in meinem Walnussbaum und träumte vor mich hin. Ich war ein schlankes, unscheinbares und blasses Mädchen, mit auffällig dunklen Augenringen, die mich damals schon seit einiger Zeit begleiteten. Obwohl ich für mein Alter geistig schon recht reif und vernünftig wirkte, waren bei meinen körperlichen Formen noch kaum Veränderungen zu bemerken. Ich hatte auch keine Ahnung von Dingen, die sich ereigneten, wenn ein Mädchen zur Frau wurde. Sexualität war kein Thema, über das zu Hause geredet wurde. Als ich so oben im Baum saß, bemerkte ich, dass die Unterwäsche zwischen meinen Beinen irgendwie nass war. Irgendwie fühlte sie sich schmierig an. Ich kletterte vom Baum und lief nach Hause. Dort ging ich aufs Klo, und in meiner Unterhose war ein großer brauner, glitschiger Fleck zu sehen. Ich war total erschrocken und dachte, ich hätte Durchfall und mir ohne es zu merken in die Hose gemacht. Schnell machte ich mich sauber, zog mich um und warf die Unterhose draußen in der Garage in den Mülleimer. Ich schämte mich fürchterlich, und ich war verwirrt. Langsam ging ich wieder zu meinem Baum und kletterte hinauf. Nur kurz saß ich oben in den Ästen, als ich wiederum dasselbe unangenehme Gefühl in meinem Wurzelbereich verspürte. Ich kletterte wieder hinunter und ging in unser Haus zurück. Auf der Toilette sah ich wieder dieselbe Sauerei in meiner Unterwäsche. Ich war nun ziemlich fertig. Ich dachte, ich sei todkrank und müsse sicher sterben. Also ging ich zu meiner Mutter und erzählte ihr weinend, was passiert war. »Ach«, fragte sie, »ist es jetzt schon so weit?« Dann stand sie auf und ging ins Badezimmer. Sie kam mit einer Damenbinde zurück und sagte: »Lege dir die in die Unterhose. Du kannst dich daran gewöhnen. Diese Sauerei wird dich ab jetzt für die nächsten paar Jahre jeden Monat begleiten.« Damit war das Thema für sie erledigt. Ein paar Tage später brachte mir mein Stiefvater die Monatsausgabe einer Jugendzeitschrift mit, die unter anderem auch Aufklärungsseiten enthielt. Ich bekam ein Jahresabo dieser Zeitschrift, über Sexualität oder andere Themen des Erwachsenwerdens wurde weiterhin nicht geredet.

Im darauffolgenden Sommer war ich das erste Mal verliebt – in den Sohn des Bauern aus dem Tal. Er war ein wirklich lieber Kerl, und wir waren noch Kinder, beide noch keine zwölf Jahre alt. Trotzdem war es schön, mit ihm gemeinsam auf dem Baum zu sitzen und zu reden. Ihm erzählte ich zum ersten Mal, wie es bei uns zu Hause war. Und es gab noch einen zweiten Jungen, der in mich verliebt war. Er war der Sohn eines Nachbarn, der ein paar Häuser weiter wohnte. Er schrieb mir öfter Liebesbriefe, kleine Zettelchen mit lieben Worten darauf. Später sollten wir eine kurze und geheime Beziehung haben, aber bis dahin würde sich noch viel verändern. Wir küssten uns auch, ganz unschuldig und ohne Zunge. Wir verbrachten viele Abende in den Heuschobern und erzählten uns gegenseitig von unseren Träumen. Neben meiner Freundin aus dem anderen Reihenhaus war er in dieser Zeit mein liebster Freund.

Aber ich hatte auch noch einen Schwarm. Er war vier Jahre älter als ich und Musiker. Jeden Donnerstagabend, wenn ich mit dem Bus von der Schule kam, probte er mit seinen Freunden im Vereinshaus direkt neben der Bushaltestelle. Oft schlich ich mich dann in die Halle, blieb ganz hinten neben der Tür stehen und beobachtete die Jungen beim Musikmachen. Mir gefiel die Musik – Rock und Hardrock –, die sie spielten. Als letztes Stück spielten sie immer *The House of the rising Sun*. Manchmal war auch meine Freundin dabei, ihr gefiel auch einer der Musiker. Das war unser Geheimnis. Keiner außer uns beiden wusste es. Und oft träumte ich, wie es wohl wäre, mit der Band auf Tour zu gehen.

Weihnachten vor meinem zwölften Geburtstag habe ich heute noch in Erinnerung. Es sollte das erste Mal sein, dass wir Kinder den Baum schmücken würden. Meine Schwester hatte bis dahin noch an das Christkind geglaubt. Mein Stiefvater kam mit einem Baum nach Hause, der, wie jedes Jahr, übertrieben groß war. Er musste den Baum kürzen, um ihn überhaupt in die Halterung zu bekommen. Als der Baum endlich darin befestigt war, stand er total schräg. Mein Stiefvater nahm ihn wieder heraus und sägte daran herum. Wieder und wieder versuchte er, den Baum gerade in die Halterung zu stecken. Er schaffte es nicht und wurde darüber immer wütender. Schreiend und brüllend holte er eine Axt und begann, auf den Baum einzuschlagen. Er war völlig in Rage und zerstückelte den Baum unter ärgsten Beschimpfungen und Schreiereien. Dann brüllte er uns an, wir sollten gefälligst diesen Müll wegräumen, und ohrfeigte mich und meine Mutter, damit wir schneller aufräumten. Unterdessen machte er eine Flasche Cognac auf und begann zu trinken. Meine Mutter verschwand in der Küche und begann mit den Vorbereitungen für das Essen, das er gefordert hatte. Irgendwann, als es draußen schon dämmerte, stand er volltrunken auf und lallte: »Jetzt gehe ich in den Wald und hole dort so einen beschissenen Baum, damit meine kleine Prinzessin ihr Weihnachtsfest bekommt.« Bei diesen Worten strich er meiner Schwester über den Kopf. Etwa eine

Stunde später kam er mit einem Baum zurück. Dieser war kleiner als der erste, dafür aber gerade. Der Baum wurde in den Ständer gestellt, und meine Schwester begann, den Schmuck anzubringen. Ich half meiner Mutter in der Küche. Wie jedes Jahr bekam ich genau dieselben Geschenke wie meine sechs Jahre jüngere Schwester: eine Barbiepuppe (ich hatte diesen eigentlich schon als kleines Mädchen immer nur die Köpfe abgerissen), Märchenhörspiele und Zeichensachen. Bei uns galt der Grundsatz: Beide werden gleich behandelt, so kann keine auf etwas der anderen neidisch sein.

Dann kam mein Geburtstag. Ich wusste, dass für meinen Geburtstag selten ein Geschenk zusätzlich gekauft wurde. Ich erhielt dann ein Geschenk, das auch meine Schwester zwei Tage später zu ihrem Geburtstag bekommen sollte. Sie durfte aber dann noch zusätzliche Geschenke auspacken. Auch eine Torte bekam sie jedes Jahr. Ich erinnere mich noch gut daran. Jahr für Jahr wünschte sie sich eine Erdbeertorte, die auch immer in einer Konditorei gekauft wurde. Wenn sie diese Torte dann hatte, klaubte sie zuerst immer alle Erdbeeren herunter, weil sie diese nicht mochte. Dann aß sie ihren Kuchen. Es musste aber immer Erdbeertorte sein.

Am Silvester waren wir alle vier zusammen. Wir verbrachten einen erstaunlich ruhigen und angenehmen Abend. Ich weiß noch gut, dass wir Fondue aßen und später dann den Fernseher einschalteten. Irgendwann gegen Mitternacht setzte ich mich auf die breite Fensterbank in unserem Wohnzimmer. Es war eine sternenklare eisigkalte Nacht. Im Fernsehen begannen die Menschen, laut von zehn bis null zu zählen, und mit jeder Sekunde bildete sich ein größerer Kloß in meinem Hals. Als sie bei Null ankamen und alle anfingen zu jubeln, brach ich in Tränen aus. Mein ganzer Körper wurde von einem Weinen erfasst. Es schüttelte mich am ganzen Leib, und ich hatte überall Schmerzen. Es war mir unmöglich, aufzuhören oder etwas zu sagen. Ich konnte einfach nur noch schmerzvoll weinen, schluchzen und stöhnen. Meine

Seele wusste, dass nun ein bestimmter Zeitabschnitt endgültig vorbei war. Ich war kein Kind mehr, ich bekam schon Haare unter den Achseln und auch auf meiner Venus. Mein Busen begann, sich zu wölben, ich hatte Verehrer, und an meine Tage hatte ich mich schon lange gewöhnt.

Ich denke, ich habe in diesen fast zwei Stunden, in denen ich an diesem Abend geweint habe, vieles aus mir herausgeweint. Ich habe um meine verlorene/vergangene Kindheit geweint und über den Schmerz des Übergangs, der mir so fremd war, über die Einsamkeit, die ich oft verspürte, und über den großen Druck, der auf mir lastete. Keiner konnte mich beruhigen. Ich konnte auch nicht aufhören, der Schmerz war zu groß. Mein Stiefvater ohrfeigte mich mit den Worten: »Jetzt hast du einen Grund zu heulen, wenn du uns schon den Abend versaust. Und jetzt schau, dass du in dein Zimmer kommst!« Oben in meinem Zimmer weinte ich mich in den Schlaf.

In den Wochen danach setzte sich meine Mutter für mich ein. Das war das einzige Mal während meiner Kindheit, an das ich mich erinnern kann. Sie setzte gegen den Willen meines Stiefvaters durch, dass ich ein eigenes kleines Zimmer bekam. Ich war überglücklich. Noch nie hatte ich ein so großes Geschenk erhalten. Mein Zimmer war oben unter dem Dach und hatte ein Dachfenster. Ich liebte es, aus diesem Fenster hinauszuschauen, wenn die Sterne funkelten oder wenn im Winter die Schneeflocken fielen. Stundenlang konnte ich unter diesem Fenster in meinem Bett liegen und vor mich hinträumen. Ich konnte mein Zimmer sogar absperren.

In dieser Zeit begann ich auch, mich für Religion und Spiritualität zu interessieren. Obwohl ich evangelisch getauft war und auch den evangelischen Religionsunterricht besuchte, ging ich auch freiwillig in den katholischen Unterricht. Ich besuchte regelmäßig die Gottesdienste beider Glaubensrichtungen, und die Bibel mit ihren Gleichnissen war damals mein Lieblingsbuch. Immer stärker und stärker regte sich in mir der

Wunsch, weg von diesen Menschen, die angeblich meine Familie waren, zu kommen. Schon lange hatte ich insgeheim für mich die Entscheidung getroffen, dass sie keinesfalls meine echte Familie sein konnte. Am Anfang dieses Buches habe ich berichtet, dass ich mit vielen langen schwarzen Haaren am ganzen Körper geboren wurde und dass meine Mutter zu mir gesagt hatte: »Du hast ausgesehen wie ein kleiner Schimpanse, ganz anders als die anderen (Menschen-)Babys mit ihrer zarten rosafarbenen Haut.« Sie sagte damals auch, dass sie mich am liebsten gegen eines dieser hübschen Babys ausgetauscht hätte. Ich war zu diesem Zeitpunkt davon überzeugt, dass sie mich ausgetauscht hatte und dass ihr wirkliches Kind, das Schimpansenkind, irgendwo anders lebte.

An einem außergewöhnlichen Tag stand mein Stiefvater morgens mit mir auf. Er machte mir Frühstück und sogar eine Schuljause. Weil die Stimmung anscheinend gut war, sagte ich ihm, dass ich bitte auch noch für die Mittagspause eine Jause bräuchte. Da legte er mir 20 Schilling auf den Tisch und meinte gönnerhaft: »Na, dann kauf dir heute mal ein anständiges Mittagessen.« Ich war ein bisschen verwirrt, so freundlich war er selten zu mir.

Vielleicht war er es, weil ich ihm am Vorabend beigebracht hatte, wie man auf den Fingern pfeift. Schon dieser Abend war irgendwie ungewöhnlich gewesen. Meine Mutter hatte mich geschickt, meine Schwester zu rufen. Sie hatte draußen gespielt. Weil ich sie nirgends sehen konnte, pfiff ich auf den Fingern. Sie wusste, dass ich das war, denn wir hatten dies so vereinbart. Plötzlich stand mein Stiefvater neben mir, schaute mich an und fragte: »Hast du da gerade gepfiffen?« – »Ja«, sagte ich. »Warum kannst du das, wie machst du das?«, fragte er mich. Ich schaute ihn erstaunt an und sagte: »Das ist ganz einfach. Du musst die Zunge nach oben rollen, Richtung Gaumen, und dann die Finger darunter schieben. Dann drückst du die Zunge gegen die Finger und bläst die Luft heraus. Schau, so!« Ich zeigte es ihm. Er versuchte, es mir nachzumachen, aber es kamen nur komische Zischlaute dabei heraus. Es war einfach lustig, wie er sich abmühte. Immer und immer wieder versuchte er es. Meine Schwester war inzwischen auch dazugekommen. Sie versuchte auch, auf den Fingern zu pfeifen. Alle drei kugelten wir uns vor Lachen. Ich kann mich nur an ganz wenige Momente in meiner Kindheit erinnern, in denen ich mich so unbeschwert gefühlt hatte wie an diesem Abend. Beide waren ganz eifrig bei der Sache. Immer wieder musste ich ihnen zeigen, wie es geht. Und plötzlich ganz unerwartet, funktionierte es! Mein Stiefvater hatte auf den Fingern gepfiffen! Er sprang in die Luft, schnappte mich an meiner Taille, wirbelte mit mir im Kreis herum und küsste mich auf den Mund. Er war total euphorisch. »Seit ich ein kleiner Junge war«, erzählte er, »wollte ich das lernen. Bei meiner Mutter zu Hause durfte ich das nicht, denn wir waren aus der gehobenen Schicht. Da war so etwas verpönt. Irgendwann hatte ich es vergessen. Und jetzt habe ich es gelernt! Ich kann auf meinen Fingern pfeifen!« An diesem Abend war ich beinahe glücklich.

An diesem Tag ging ich also mit einem guten Gefühl in die Schule. Ich war in der zweiten Klasse des Gymnasiums und kam gerade so durch. Sport und Kunst waren nach wie vor meine Leidenschaften. Als die große Pause begann, ging ich mit den anderen Schülern auf den Hof hinaus. Ich packte mein Jausenbrot aus und erstarrte. Ich hatte ein Brot mit Mettstreichwurst darauf. Mein Stiefvater wusste, dass ich diesen Aufstrich einfach nur eklig fand. Ich saß mit Tränen in den Augen ohne ein Wort zu sagen da. Es tat furchtbar weh. »Warum«, fragte ich mich, »warum tut er das? Er weiß es, er weiß, dass ich diesen, genau diesen Aufstrich nicht mag.« Ich wusste auch, dass genug andere Sachen da gewesen wären, er hatte am Vortag eingekauft. Ich war davon überzeugt, dass er es mit Absicht gemacht hatte. Dies war der sprichwörtliche letzte Tropfen, der mein Fass zum Überlaufen brachte.

Wortlos stand ich auf. Das Brot fiel auf den Boden. Es kann sein, dass mich die anderen Schüler ansprachen, ich weiß es aber nicht mehr. Ich ging wie in Trance. Alles, um mich herum, nahm ich nur noch gedämpft war. Ich ging zur Schulgarderobe, setzte mich hin und begann zu weinen. Als die Glocke zum Ende der Pause läutete, stand ich auf und ging aus der Schule hinaus. Ich nahm nichts mit. Den Weg zum Bahnhof lief ich wie ferngesteuert. Mit dem Geld, das mein Stiefvater mir für das Mittagessen gegeben hatte, löste ich eine Fahrkarte in die Stadt, in der ich aufgewachsen war. Ich wusste die Adresse meiner Großeltern. In der Stadt angekommen, fragte ich mich zu dieser Adresse durch. Als ich vor dem Wohnblock stand und ihren Namen auf den Klingelschildern fand, war ich sehr erleichtert. Ich klingelte, doch niemand machte auf. Ich läutete einfach bei jemand anderem, und als der Türöffner summte, ging ich in das Haus hinein und versteckte mich hinter der Kellertür. Ich hörte, wie eine Wohnungstür geöffnet wurde und jemand »Hallo!« rief. Dann wurde die Tür wieder geschlossen. Ich hatte mir überlegt, mich einfach vor die Tür meiner Großeltern zu setzen, bis jemand nach Hause kommen würde. Als ich mir sicher war, dass der Hausflur leer war, ging ich an den Türen vorbei, bis ich die richtige fand. Ich setzte mich vor der Tür auf den Boden und wartete. In Gedanken versunken, mit meinem Kopf an die Tür gelehnt, hörte ich plötzlich aus der Wohnung Geräusche. Mein Herz begann zu klopfen, ich sprang auf und drückte noch einmal auf die Türklingel. Kurz darauf öffnete sich die Tür, und im Türrahmen stand meine Großmutter mit einem Baby auf dem Arm. Sprachlos schauten wir uns an. Sie fasste sich als Erste wieder und fragte mich: »Was machst du denn hier, Mädchen?« Ich zuckte mit den Schultern und die Tränen stiegen mir in die Augen. »Komm erst mal herein«, sagte sie und öffnete die Tür ganz. Ich ging in die Wohnung. Ich kann mich nur noch dunkel daran erinnern, was an diesem Tag sonst noch passierte. Ich bin zusammengebrochen und schlief erst einmal bis in die Nacht hinein. Als ich wieder aufwachte, waren mein Großvater, mein Cousin und auch meine Tante Esther da. Diese war inzwischen eine erwachsene Frau geworden und das Baby, das meine Großmutter auf ihrem Arm gehalten hatte, als sie mir die Tür geöffnet hatte, war Esthers Sohn. Sie alle forderten mich auf, ihnen zu erzählen, was passiert war. Und sie wollten auch wissen, was ich denn nun vorhätte. Sie hatten meine Mutter verständigt, damit diese wusste, wo ich war. Aber sie hatten ihr verboten, mich vor dem nächsten Abend abzuholen. Ich begann zu erzählen, alles, was passiert war. Sie wussten ja nur, was sie von Dritten hörten. Schon lange gab es keinen Kontakt zwischen unseren Familien mehr. Den hatte mein Stiefvater unterbunden. Nachdem ich meinen Bericht beendet hatte, redeten wir darüber, wie es weitergehen sollte. Ich wollte keinesfalls zurück. Am liebsten wäre ich einfach dort geblieben. Wir beschlossen, am nächsten Tag das Jugendamt zu verständigen und uns dort Hilfe zu holen. Damit hatte ich im Frühjahr vor meinem 13. Geburtstag meine erste Begegnung mit Behörden und Beamten. Ich sollte in verschiedenen Situationen in den nächsten Jahren immer wieder mit ihnen zu tun haben. Wir unterhielten uns einige Stunden, dann kamen meine Eltern und wurden in das Gespräch einbezogen. Nach einer weiteren Stunde hatten wir verschiedene Vereinbarungen getroffen, was die gemeinsame Zukunft betraf. Sollte wieder etwas vorfallen, das mich verletzte, konnte ich mich jederzeit beim Jugendamt melden. Dann ging ich mit meiner Mutter und meinem Stiefvater nach Hause.

Keiner von beiden hatte damit gerechnet, dass ich abhauen würde. Noch weniger hatten sie damit gerechnet, dass ich mir Hilfe holen würde. Weil ich ein ledig geborenes Kind war und mein Stiefvater mich damals, als er meine Mutter geheiratet hatte, nicht adoptiert hatte, war das Jugendamt zur Hälfte mein Vormund. Meinen Eltern wurde vorgeschrieben, dass sie dafür zu sorgen hatten, dass ich genug zu essen bekam, ordentliche Kleidung und genügend Geld erhielt, um mir ein Jausenbrot und Mittagessen leisten zu können. Ebenso wurden sie gewarnt, dass sie, sollten sie mich noch einmal schikanieren oder gar körperlich züchtigen, angezeigt werden würden.

Die Stimmung zu Hause war danach düster. Aber meine Mutter schien aufzuwachen. Seit Jahren erlebte ich sie wieder aktiv. Ich durfte meine Großeltern jederzeit besuchen. Für die Sommerferien hatte mich meine Tante, die Mutter meines Cousins, eingeladen, mit ihr und ihrem Mann ans Meer in den Urlaub zu fahren. Meine Mutter setzte durch, dass ich mitfahren durfte. Es war das erste Mal, dass ich in Urlaub fuhr. Als ich noch ganz klein war, hatten wir manchmal im Sommer Verwandte auf dem Land besucht, aber das war, als meine Mutter meinen Stiefvater gerade erst kennengelernt hatte, noch bevor meine Schwester geboren worden war. Wir fuhren in einen Club nach Jugoslawien direkt ans Meer. Ich kann mich noch gut erinnern, wie fasziniert ich von der roten Erde in diesem Land und von der endlosen Weite des Meeres war. Das Wasser war glasklar und zum Schwimmen wunderbar angenehm. Ich war eine gute Schwimmerin, und so verbrachte ich viele Stunden allein am Strand und im Wasser. Für mein Alter sah ich recht gut aus, die meisten Leute schätzten mich auf 15 oder 16, obwohl ich erst zwölfeinhalb Jahre alt war. Es gab einige Jungen, die mit mir flirteten, und auch ein Mädchen aus meiner Gegend lernte ich kennen. Wir verbrachten die Abende in der Tanzbar des Clubs, und ich machte in diesem Urlaub meine ersten eigenen Erfahrungen mit Alkohol.

Eines Abends wurde im Club eine Miss-Wahl ausgerufen. Alle Urlauber konnten daran teilnehmen. Meine Urlaubsfreunde und meine Verwandten überredeten mich mitzumachen. Schließlich gab ich nach und meldete mich an. Den ganzen Nachmittag über war ich ziemlich aufgeregt. Es sollte drei Durchgänge geben. Beim ersten sollte ich mich in Abendgarderobe präsentieren, beim zweiten in Badekleidung und beim dritten, weil wir an einem FKK-Strand waren, ganz nackt. Der Bademode- und der Nacktdurchgang waren weniger mein Problem, aber Abendgarderobe hatte ich einfach nicht. Meine Tante lieh mir ein Kostüm. Es war altrosa und hatte schrecklich viele Rüschen, es war grauenhaft. Aber es war das einzige, das zur Verfügung stand. Am frühen Abend fand ich mich also in der improvisierten Garderobe am Strand ein. Es waren elf andere, durchweg gutaussehende junge Frauen dabei, allesamt älter als ich.

Irgendjemand brachte eine Flasche Barac, einheimischen Marillenschnaps, mit. Der Schnaps machte unter uns Frauen immer wieder die Runde. Immer wenn eine Flasche leer war, stand sofort eine neue da. Die Gruppe wurde immer lustiger und betrunkener. Die drei Durchgänge waren eigentlich Nebensache. Die Party lief hinter den Vorhängen ab. Dann kam die Preisverleihung. Ich hatte mir keine Chancen ausgerechnet, im Vergleich zu den andern Frauen war ich eindeutig noch ein Kind. Eine deutsche Urlauberin gewann den ersten Preis, eine Engländerin, die ich persönlich für viel hübscher hielt, den zweiten und eine junge Holländerin kam auf den dritten Platz. Die anderen Plätze wurden nicht bekannt gegeben. Wir wurden allerdings alle aufgefordert, uns bei der Organisation zu melden, weil alle Teilnehmerinnen einen Preis gewonnen hätten. Daher ging ich an den Tisch, an dem die Organisatoren der Miss-Wahl saßen, und sie gaben mir einen Gutschein für einen Tagesausflug mit einem Fischkutter in ein nahe gelegenes Naturschutzgebiet mit verstreuten kleinen Inseln. Immerhin, ich hatte den siebten Platz belegt. Ich freute mich sehr über meinen Gewinn, er war für zwei Personen. Am nächsten Tag schon buchten wir eine dritte Karte für diese Fahrt und stachen in See. Es war ein wunderschöner Tag in einer unbeschreiblichen Küstenlandschaft. Ich konnte vom Boot aus bis auf den Grund des Meeres sehen, das Wasser war glasklar und voller Fische. In einer Bucht, in der wir Mittagspause machten, ging ich schwimmen und tauchen. Es war ein unbeschreibliches Gefühl in Wasser zu schwimmen, das so klar war, und die Tiere und Pflanzen wie durch eine Fensterscheibe zu beobachten. Ich konnte mich in diesem Gefühlen verlieren, mich auflösen, mich treiben lassen. Die drei Wochen waren leider viel zu schnell vorbei. Danach war der Alltag wieder da. Ich ging zur Schule, verbrachte meine andere Zeit im Schwimmtraining, bei den Leichtathleten, im Damenfußballklub, beim Handball oder war im Wald unterwegs. Ich war gut organisiert und fast nur noch zum Schlafen zu Hause. Meine Eltern ließen mich in Ruhe.

Eines Tages im Spätherbst – ich war allein zu Hause – ging meine Mutter zu einer Nachbarin. Sie sagte mir noch, ich solle niemandem die Tür aufmachen, sie käme gleich wieder. Ich war auf meinem Zimmer, als es unten an der Tür klingelte. Ich blieb einfach sitzen, ich sollte ja ohnehin niemanden hereinlassen. Meine Mutter hatte die Tür abgesperrt. Unten trommelte jemand gegen die Tür. Eine Männerstimme rief: »Mach die Tür auf! Ich weiß, dass du da bist! Betrüger, Schweinehund, mach auf!« Es war definitiv nicht die Stimme meines Stiefvaters. Ich blieb weiter in meinem Zimmer. Da hörte ich, wie sich jemand an der Tür zu schaffen machte. Sie ging auf, und jemand kam ins Haus. Ich hörte Schritte in Richtung Wohnzimmer gehen. Da stand ich auf, machte leise die Tür zu und sperrte ab. Mit dem Rücken setzte ich mich gegen die Tür. Von unten hörte ich den Mann die Treppe heraufkommen, geradewegs auf mein Zimmer zu. Dann drückte er die Türklinke nach unten. Ich presste meine Fäuste gegen meinen Mund und schloss die Augen. Im nächsten Moment begann ein Trommelregen auf meine Tür, und die Männerstimme brüllte: »Komm raus, du Schwein! Ich weiß, dass du dort drinnen bist! Du hast mich abgezockt! Verschwinde aus meinem Haus, du Betrüger!« Ich hatte keine Ahnung, um was es ging oder wer der Mann sein könnte. Ich hatte einfach nur Angst. Der Mann brüllte und tobte weiter vor der Tür. Irgendwann griff ich nach meiner Blockflöte und begann, ein Stück zu spielen, das ich im Religionsunterricht gelernt hatte. Ich dachte mir, wenn ich nur laut genug spielen würde, würde ich die Stimme des Mannes vielleicht nicht mehr hören. Aber je lauter ich spielte, umso lauter brüllte und hämmerte er. Ich hörte nicht auf. Irgendwann ging er weg. Er hatte die Tür heil gelassen. Später erfuhr ich dann von meiner Mutter, dass es der Besitzer des Hauses gewesen war und dass wir schon beinahe ein Jahr lang keine Miete mehr bezahlt hatten. Irgendwann erzählte mir meine Mutter, dass sie vier Jahre zuvor das alte Haus, indem ich als Kind mit meiner Familie gelebt hatte, und einige Baugrundstücke, die sie geerbt hatte, verkauft hatte, um die Miete für dieses Haus drei Jahre im Voraus zu bezahlen. Nach Ablauf der Zeit hatte mein Stiefvater keinen Cent mehr bezahlt. Das war nun eben schon beinahe ein Jahr, und langsam wurde der Vermieter sauer.

Einige Wochen später, genauer gesagt in der Nacht meines Geburtstags, verließen wir innerhalb von zwei Stunden das Haus. Ich hatte noch die Gelegenheit, mich von meinem lieben Freund, dem Jungen vom Bauernhof, zu verabschieden. Wir saßen unter meinem Wahlnussbaum, hielten uns in den Armen und weinten. Er war fruchtbar wütend. »Ich werde das Haus anzünden!«, rief er, »die können dich mir nicht einfach wegnehmen!« Es war eine so zarte und unschuldige Kinderliebe, wie ich sie nie wieder erleben sollte. Kurz darauf waren wir weg. Wir zogen in eine Wohnung in der Stadt, in der ich aufs Gymnasium ging. Wir nahmen nichts mit. Mein Stiefvater holte uns ab, wir packten nur das Nötigste an Kleidung und Schulsachen ein, dann fuhren wir davon.

Erkenntnisse • Rückschlüsse

Der Eintritt in die Pubertät ist ein Ereignis, das in den meisten alten und nativen Kulturen gefeiert wird. Es ist ein Übergang, bei dem ein zweites Mal symbolisch ein Band zwischen Eltern und Kind durchschnitten werden kann.

In der christlichen Tradition ist die Blutung der Frau durch die Geschichte der Erbsünde in Verruf geraten. Die Kraft und die Möglichkeiten, die im Zyklus der Frau verborgen sind, sind daher bei uns schon lange größtenteils in Vergessenheit geraten.

Auch junge Männer machen in diesem Lebensabschnitt einen großen Wandel durch. Das äußere Merkmal davon ist der Stimmbruch. Beide, Mädchen und Jungen, wachsen in dieser Zeit besonders schnell, und der Körper beginnt, sich zu entwickeln. Der Penis der Jungen wächst, sie bekommen Haare unter den Achseln, im Wurzelbereich und im Gesicht. Den Mädchen wächst der Busen, und auch die typische Körperbehaarung sprießt nun. Es ist eine verwirrende Zeit für alle jungen Menschen.

Es wird alles bisher Dagewesene infrage gestellt. Alle Grenzen werden zu eng, und die alten Muster bekommen blasse Farben. Der junge Mensch verlässt endgültig den Raum des Kindes und geht in das Universum des eigenständigen, selbstverantwortlichen jungen Menschen hinüber. Erste Entscheidungen werden ohne den Rat der Eltern getroffen. Freundschaften verändern sich, ebenso die Interessen. In dieser Zeit ist es für beide Seiten wichtig, sich gegenseitig den nötigen Raum und die Freiheit für die Entwicklung zu gewähren. Ebenso ist es wichtig, stets die Grenzen zu achten. Wenn ein Kind zu weit geht, ist es notwendig, es in seine Grenzen zu weisen. Dabei sollte man immer beachten, dass dem Kind die Verantwortung für die Konsequenzen bewusst wird.

Zum Beispiel: Ich habe ein 14-jähriges Kind, das noch schulpflichtig ist, und ich möchte mit meinem Partner unter der Woche abends auf eine Veranstaltung gehen. Wir werden erst gegen Mitternacht wieder nach Hause kommen. Es wird ausgemacht, dass das Kind spätestens um 21.00 Uhr ins Bett geht, weil am nächsten Tag um 6.30 Uhr der Wecker klingelt und es außerdem auch noch Nachmittagsunterricht hat. Nun gibt es verschiedene Möglichkeiten: Ich gehe nicht, weil ich kein Vertrauen zu meinem Kind habe, oder ich organisiere einen Babysitter für ein 14-jähriges Kind. Ich gehe, und mein Kind ist vernünftig und folgsam genug um gegen 21.00 Uhr tatsächlich schlafen zu gehen. Ich gehe, und mein Kind bleibt mit Chips und Cola bis kurz vor Mitternacht vor dem Fernseher sitzen und verschwindet erst in sein Zimmer, wenn es das Auto zum Haus fahren sieht.

Im ersten Fall bleibe ich zu Hause und werde also in meiner Freiheit eingeschränkt, beziehungsweise ich organisiere jemanden, der mein Kind beaufsichtigt. Dieser Fall würde zeigen, dass ich mein Kind nur schwer loslassen kann. Natürlich brauchen Kinder eine gute Führung, aber ebenso brauchen sie zwischendurch auch mal »lockere Zügel«. Ein Kind kann nur Vertrauen und Verantwortung lernen, wenn man ihm diese auch entgegenbringt. Ebenso muss es am eigenen Leib Erfahrungen machen dürfen, aber natürlich auf eine andere Art als ich damals bei meinen ersten eigenen Schritten.

Der zweite Fall wäre wohl der Idealfall, so denken wir zumindest. Aber auch in diesem Fall lohnt es sich, genauer hinzusehen. Manchmal ist es auch so, dass Kinder sich von ihren Eltern gar nicht lösen wollen. Es gibt Kinder, die in ihrer Jugend kaum rebellieren, an denen die Pubertät scheinbar spurlos vorübergeht. Oft sind diese Kinder im Erwachsenenalter noch sehr abhängig vom Elternhaus. Kann ich ausschließen, dass mein Kind sich gar nicht loslösen will, habe ich wahrscheinlich wirklich ein vernünftiges Kind.

Im dritten Fall tut das Kind das, was wohl die meisten Kinder in dieser Situation tun. Es benimmt sich wie ein Erwachsener. So fühlt es sich ja auch in gewisser Weise. Und nur weil noch ein paar andere Erwachsene da sind, die es zufällig auch noch ernähren, kann es eben nur manchmal so tun wie es gern möchte – eben dann, wenn die »Alten« weg sind.

Es ist ganz natürlich und gesund, dass die Kinder in diesem Alter ihre Umgebung völlig neu betrachten und ausrichten. Alle bis dahin erlernten Wertigkeiten und Moralvorstellungen werden ebenso überprüft, wie alles andere, was anerzogen wurde Das Elternhaus wird mit anderen verglichen und neu bewertet. Das ist anstrengend und oft auch für beide Seiten schmerzhaft. Nun beginnt das Kind, seine eigenen Visionen zu weben, sich zu verlieben, zu lernen, zu tanzen, zu trauern und seinen eigenen Weg zu finden. Als Eltern können wir unseren Kindern die Tür zu unseren Herzen offen lassen, die Kinder selbst jedoch können wir niemals halten. Je mehr wir versuchen, unsere Kinder bei uns zu halten, desto weiter werden sie sich von uns entfernen.

Die Pubertät ist wieder eine Zeit des Übergangs, eine Zeit der Initiation. In alten Riten wurden Kinder früher auf ein Leben als erwachsene Menschen vorbereitet. Mädchen wurden traditionell mit ihrer ersten Blutung in den Kreis der Frauen aufgenommen. Bei den Jungen hing es vor allem von ihrer geistigen und sozialen Entwicklung ab, wann dieser Übergang gefeiert wird. Da ich selbst eine Frau bin, hatte ich bei meinen Lehrern keinen Einblick in die Riten und Traditionen für diesen Übergang bei Jungen. In vielen Völkern werden die Zeremonien noch heute geschlechtergetrennt vermittelt und zum Teil auch gefeiert. Zum Abschluss des Festes kommen aber so gut wie immer beide Geschlechter zusammen.

Erwachsen werden – der nächste Übergang

Für einen jungen Mann eignet sich sicherlich eine Schwitzhüttenzeremonie, die ich im Anschluss an das Spiralenritual beschreiben werde. Mein älterer Sohn hat, nachdem er selbst darum gebeten hatte, angeleitet von einem Freund aus dem Stamm der Crow eine Männerweihe begonnen. Diese dauert drei Jahre oder länger. Sie wird mit einem Pfeifenritual besiegelt, bei dem der Lehrer mit dem Jungen die heilige Pfeife raucht. Somit bestätigen beide, dass sie aus freiem Willen ein Stück des Weges gemeinsam gehen. Die erste Prüfung für den jungen Mann ist eine Männerschwitzhütte. Für das erste Jahr bekommt er einen Auftrag, den ich allerdings nicht kenne. Mir wurde nur erklärt, dass es darum geht, eine besondere Eigenschaft ein Jahr lang zu leben. Im zweiten Jahr besteht die Prüfung darin, eine Nacht allein im Wald zu verbringen, wiederum vorbereitet durch eine Männerschwitzhütte. Außerdem erhält er einen weiteren Auftrag für das folgende Jahr. Im dritten Jahr soll der Junge zwei Tage und zwei Nächte ohne Essen und ohne Trinken allein im Wald verbringen und eine Männerschwitzhütte durchführen. Anschließend wird der junge Mann offiziell in den Kreis der Männer aufgenommen. Im vierten Jahr kann der junge Mann auf Wunsch an einem Sonnentanz teilnehmen. Dafür müsste er allerdings nach Montana fliegen. Bisher haben sich sowohl mein ältester als auch mein zweitältester Sohn nicht dazu entschieden, diesen Schritt zu wagen.

Als Frau sehe ich nur den äußeren Rahmen dieser Einweihung, auch mein Mann berichtet mir kein Wort von dem, was zwischen den Männern in ihren Kreisen besprochen wird. Bei den Männern wie auch bei den Frauen ist dieser Übergang die »rote Zeit des Lebens« und die Zeit eines jungen Erwachsenen, der seine Visionen sucht. Feuer, Fruchtbarkeit, volle Kraft und Vitalität sind die natürlichen Qualitäten dieser Zeit.

Rituale für den Übergang in die Pubertät

Die Spiralenzeremonie, die ich hier gern weitergeben möchte, ist ein Ritual für Mädchen, die ihre erste Blutung bekommen haben. Die Spirale ist ein weibliches Kraftsymbol. Sie verbindet uns mit Leben und Tod mit Anfang und Ende und auch mit dem unendlichen Fluss des Seins. Die Mondzeit der Frau verläuft in einer Spirale, ebenso die DNS und noch viele andere Dinge. Auch in der Natur finden wir die Spirale zum Beispiel bei der Weinrebe, die sich spiralförmig nach oben hangelt. Das Zentrum der Spirale ist – symbolisch betrachtet – der Beginn und das Ende allen Seins. Es ist der Schoß der Muttergöttin, die alles gebärt, und zu der auch alles zurückkehrt.

Bei diesem Ritual feiern wir den Übergang der weißen Jungfrau zur roten Frau. Der Weg der roten Frau dauert bis zu den Wechseljahren. In der Zeit dieses Wechsels befindet sich die Frau in der Qualität der Nebelgöttin und wird auch Schnitterin genannt. Sie beendet und erntet, sie ist nicht hier und nicht dort, es ist eine Zeit des »Dazwischenseins«. Danach beginnt die Zeit der Schwarzmondfrau. Wenn wir nun den Übergang zur roten Frau feiern möchten, brauchen wir einen Platz im Freien oder in einem Raum, der groß genug ist, um eine Spirale am Boden auszulegen. Ich benötige zunächst rote Wolle, mit der ich die Spirale lege, und Dinge, um die Spirale zu schmücken (z.B. Blüten, Kerzen, Kristalle usw.). Als Erstes bestimme ich den Mittelpunkt der Spirale, von dort geht dann die gewünschte Anzahl an Umdrehungen aus. Am leichtesten geht das, wenn ich den Wollfaden am Ausgangspunkt mit einem

Stein fixiere. Ich kann immer wieder in gleichmäßigen Abständen die Wolle mit Klebeband am Boden befestigen. Es ist eine meditative Arbeit, die jedoch auch Aufmerksamkeit erfordert. Es dauert ein Weilchen, bis die Spirale in einer schönen Form auf dem Boden zu erkennen ist. Wenn ich mich im Freien befinde, kann ich eine solche Spirale zum Beispiel auch mit Steinen legen.

In den vier Himmelsrichtungen kann ich »Elementealtäre« aufbauen:
    Osten/Luft/Gelb (Weiß),
    Süden/Feuer/Rot (Orange),
    Westen/Wasser/Blau,
    Norden/Erde/Schwarz (Grün).
Dazu kann ich alles verwenden, was ich mit dem jeweiligen Element verbinde. Es ist ohnehin generell gut, solche Altäre im Haus zu haben und auch im alltäglichen Leben zu pflegen. Darüber hinaus kann ich auch Orakelkarten auslegen. Göttinnenkarten sind dafür eine gute Wahl. Das Mädchen, dessen Fest gefeiert wird, kann eine Karte ziehen, die abgebildete Göttin steht ihr auf ihrem Weg zur Frau eine Zeit lang zur Seite. Es kann auch ein anderes Kartenset gewählt werden. Es ist das richtig, was einem intuitiv in den Sinn kommt.

Das Mädchen kann alle einladen, die es möchte. Die Gäste bringen dem Mädchen rote Geschenke mit, nach Möglichkeit sind auch alle Teilnehmer rot gekleidet. Es ist wirklich wichtig, dass die Geschenke rot sind. Es ist schließlich das rote Fest der Frau. Die Geschenke werden in die Mitte der Spirale gelegt. Die Mutter des Mädchens oder eine andere Frau, die von dem Mädchen ausgewählt wird, bringt einen roten Kuchen und ein rotes Getränk für die ganze Gruppe mit.

Die Öffnung der Spirale zeigt in südliche Richtung. Der Süden entspricht der Farbe Rot, dem Feuer, der Kraft und der Vitalität des jungen erwachsenen Menschen und der fruchtbaren Zeit.

Folgende allgemeine Wirkung hat dieses Frauenritual: Ich verabschiede und transformiere mich durch das Feuer des Südens und durch die erdende Kraft der Linksdrehung von altem Ballast, von Verletzungen und von allem, was mich an meinem weiteren Weg hindert. Ich begebe mich zurück zum Ursprung, zu Mutter Erde, zur Urmutter. Auf dem Weg dahin, kann ich alles abstreifen, was mich bedrückt. Heraus komme ich dann im Uhrzeigersinn – also rechtsdrehend – aufgeladen mit der Kraft der Erdmutter, die ich im Zentrum, in der Mitte der Spirale, erhalten habe. Weiterhin empfange ich bei der Rechtsdrehung den Segen der Mondin und der Göttinnen. Ich gehe in mein neues Leben.

Die anwesenden Frauen bilden gemeinsam einen Kreis, das Mädchen erhält einen Ehrenplatz. Die geladenen Männer haben nur die Aufgabe, die Speisen und Getränke für das nach dem Ritual stattfindende Fest zu arrangieren und halten sich ansonsten im Hintergrund. Eine der Frauen, nach Möglichkeit die älteste, erklärt nun dem Mädchen die Veränderung in seinem Leben. Sie erzählt dem Mädchen vom Entstehen des Lebens, der Geburt, vom Tod und von der Heiligkeit der Frau. Sie berichtet ihm von den alten Göttinnen und von der Muttergöttin. Und sie erläutert ihm, was das alles mit ihm zu tun hat. Mit dem Mädchen wird auch ganz offen über Sexualität, Liebe, Verantwortung und Krankheiten gesprochen. Anschließend werden alle Teilnehmerinnen mit Salbei beräuchert und mit einer Feder abgestreift. Ein Schutzkreis, ein heiliger Raum, wird aufgebaut, und die Helfer und

Begleiter der anwesenden Frauen werden eingeladen und um Begleitung und Führung bei dem Ritual gebeten. Dann erklären die Frauen dem Mädchen, dass es nun in die Spirale hineinlaufen soll und dabei seine Kindheit verabschiedet. Wenn das Mädchen in der Mitte der Spirale angekommen ist, erzählen sie ihm, dass es am Anfang seines weiteren Lebens steht, dass es, wenn es aus der Spirale herauskommt, eine Frau sein wird und dass dies der Lauf des Lebens ist, ein ewiger Kreislauf aus Leben und Sterben, fruchtbar sein und sich reinigen. Das Mädchen wird von Trommel- und Rasselrhythmen und Stimmen begleitet, während es in die Spirale hineingeht. In der Mitte angekommen, verweilt es so lange, wie es möchte, bedankt sich bei den Schöpferkräften, nimmt die Geschenke in Empfang und macht sich auf den Weg in sein neues Leben. Wenn die junge Frau aus der Spirale in ihr neues Leben tritt, wird sie von einer jubelnden Menge empfangen. Die Gäste, nun kommen auch die geladenen Männer dazu, überbringen ihre Glückwünsche und Segnungen an die neue Frau im Kreis. Anschließend können auch alle anderen, die dies möchten, in die Spirale gehen. Freiwillige begleiten die Wanderer weiterhin mit Gesang, Trommeln und Rasseln. Wenn alle Menschen, die dies wollten, mit ihrem Lauf durch die Spirale fertig sind, bedanken sich alle bei den Helfern und Kräften, die das Ritual begleitet haben, und entlassen diese wieder in ihre Welt. Nun werden Speisen und Getränke gemeinsam verzehrt.

Ich denke, dass ein solches Spiralritual ebenso auch für Jungen abgehalten werden kann. Dabei sollte aber darauf geachtet werden, dass die Informationen von Mann zu Junge weitergegeben werden. Es ist auch gut, wenn dieses Ritual von Männern vorbereitet und durchgeführt wird.

Der nun folgende Text kann bei dem Ritual gesprochen werden, ich empfehle jedoch, ihn zu singen. Dabei ist es gut, einfach kreativ zu sein. Es kann eine schon bekannte Melodie verwendet werden, es kann aber auch eine ganz neue Melodie erfunden werden. Bei allen Ritualen kommt es weniger auf die Perfektion als auf die Handlungen an sich an. Sicher ist es wichtig, sich an bestimmte Grundmuster zu halten, es nützt zum Beispiel wenig, wenn ich den Feueraltar in den Westen stelle, denn von dort kommt das Wasser. Bei vielen Ritualen, wie zum Beispiel der Schwitzhütte, ist es sogar ausgenommen wichtig, bestimmte Vorschriften einzuhalten. Trotzdem ist es gut, kreativ zu sein und die eigene Ausrichtung zu finden. Wenn ich von ganzem Herzen zum Wohle aller handle, bin ich gut geführt und geschützt.

Im Wandeln der Spirale ...

*Im Wandeln der Spirale,
begebe ich mich nach innen
mit allen meinen Sinnen
ins Zentrum meines Seins.*

*Im Wandeln der Spirale,
verlasse ich das Alte,
ergebe mich in neue,
mir unbekannte Kraft.*

*Im Wandeln der Spirale
vergebe ich mir selbst,
verzeihe meine Schwäche,
nehm' mich aufs Neue an.*

*Im Wandeln der Spirale,
begebe ich mich nach innen
zum Ursprung aller Dinge
in Mutter Erdes Schoß.*

Diese vier Strophen werden gesungen, während jemand in die Spirale hineinläuft.

> Im Wandeln der Spirale,
> steh ich nun im Zentrum
> im Bauche meiner Mutter,
> und lasse alles los.

Diese Strophe wird gesungen, solange jemand im Zentrum der Spirale steht.

> Im Wandeln der Spirale,
> begebe ich mich nach außen,
> geleert von allem Schweren,
> geh ich nun leicht voran.

> Im Wandeln der Spirale,
> eröffne ich mein Herz,
> erwarte all das Neue,
> das mir das Leben bringt.

> Im Wandeln der Spirale,
> geh ich nun meine Schritte,
> tief drinnen in meinem Bauche
> vertraue ich nun auf mich.

> Im Wandeln der Spirale,
> danke ich der großen Göttin
> für Liebe Kraft und Frieden,
> für die Schönheit meines Seins.

Diese vier Strophen begleiten den Weg aus der Spirale heraus.

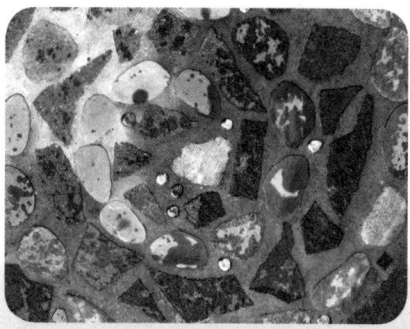

Hier folgt nun die Beschreibung einer Schwitzhüttenzeremonie, wie ich sie durchführe. Ich möchte anmerken, dass besonders meine indianischen Lehrer in ihrer Begleitung immer und immer wieder darauf hingewiesen haben, dass sie mich an Dinge erinnern, die ich schon weiß. Rituale sind etwas Lebendiges, sie werden im Herzen geboren. Und auch wenn ein Ritual schon tausendmal durchgeführt wurde, ist es dennoch immer wieder das erste Mal.

*Die Schwitzhütte ist ein uraltes Ritual zur Reinigung. Sie dient auch als Vorbereitung für verschiedene andere Zeremonien wie die Visionssuche oder den Sonnentanz der nordamerikanischen Indianer. Auch finden wir dieses Ritual in anderen Kulturen, so zum Beispiel bei den alten europäischen Alemannen und Kelten in Form der Erdhütte wieder. Über sechs Jahre begleitete ich verschiedene Schwitzhüttenleiter bei ihren Reinigungszeremonien und erlernte diese Schritt für Schritt. Im Juni 2001 habe ich von **Buckshoot Knight** die Erlaubnis erhalten, selbst Reinigungshütten zu leiten. Es gibt verschiedene Arten der Schwitzhütte, zum Beispiel Reinigungshütten, Traumhütten, Heilungshütten, reine Frauen-, Kinder- oder Männerhütten, Hütten zu speziellen Anlässen wie Taufe, Hochzeit und anderen wichtigen Ereignissen. Derzeit leite ich ausschließlich Reinigungshütten. Die Gerüste meiner Schwitzhütten entsprechen den alten Traditionen, die Texte der Lieder, Gebete und Erklärungen sind jedoch unserer Zeit angepasst. Ich spreche und singe in meiner Muttersprache, und bei manchen Liedern in einfachem Englisch.*

Bau einer Schwitzhütte:
Ich empfehle, beim Bau und der Durchführung einer Schwitzhütte immer jemanden hinzuzuziehen, der die nötige Ausbildung und die Erfahrung hat. Ich rate

auch dringend davon ab, allein aufgrund der folgenden Beschreibung eigenmächtig eine Hütte anzuleiten. Ich selbst habe circa 100 Hütten begleitet, bevor ich die erste selbst geleitet habe.

Zunächst suchen wir einen geeigneten Platz, reinigen diesen und, heben in der Mitte eine Feuergrube für die heißen Steine aus. Das sollte sehr behutsam gemacht werden, im Wissen, dass wir im »Bauch« unserer Mutter graben. Die ausgehobene Erde bildet, etwa auf der Hälfte des Weges zur Feuerstelle, die noch errichtet wird, in einer gedachten Linie in Richtung Osten einen Erdhügel, einen »Altar«. Es gibt verschiedene Anlässe, zu denen die Hütte auch nach Westen ausgerichtet werden kann, das ist jedoch vom Leiter der Zeremonie abhängig. Der Altar steht symbolisch für den nährenden Busen der Mutter. Auf der gedachten Linie weiter im Osten wird im gleichen Abstand wie zwischen Altar und Erdloch die Feuerstelle angelegt. Das Feuer steht für die männliche Kraft.
Nun wird aus 28 Ästen aus Weiden- oder Haselnussstrauchholz ein »Haus« gebaut. In seiner Form erinnert dieses etwas an ein Iglu, vor allem wenn das Gerüst gedeckt ist. Die fertige Hütte steht symbolisch für die Gebärmutter unserer Mutter Erde. Im Gerüst der Hütte finden sich auch Entsprechungen für die Himmelskörper und die Wesen des Universums, die Ahnen und die Schöpfung in ihrer ganzen Schönheit. Diese Entsprechungen entstehen aus den Verbindungen der einzelnen Stämme untereinander Jeder Stamm hat seinen Platz und seinen Hüter. Jeder Ast wird mit einem speziellen Gebet an seinen Platz gesetzt und mit den anderen Stämmen verflochten. Das so entstandene Gerüst wird von den Anwesenden gemeinsam mit Schafwollvlies gedeckt. Nun ist es im Inneren des Bauchs unserer Mutter

stockdunkel. In der Hütte fühlen wir uns sicher und geborgen, wie im Schoß der Mutter, wie vor unserer Geburt. Zugleich leitet uns die Dunkelheit der Hütte zu unseren Ängsten und Schwächen. Sie alle können im Bauch unserer Mutter in der warmen Dunkelheit mit der Gewissheit im Herzen, dass das Licht wieder scheinen wird, verabschiedet werden.

Ablauf der Reinigungszeremonie:
Es wird ein Schutzkreis gezogen und unsere Verwandten aus den Welten werden eingeladen, uns zu begleiten. Die Himmelsrichtungen und die Elemente werden ebenso begrüßt wie unsere Krafttiere, Verbündeten und Begleiter. Der Eingang der Hütte befindet sich im Osten, die Teilnehmer stellen sich links vor der Hütte in einer Reihe auf. Wir räuchern zur Reinigung jeden Teilnehmer mit Salbei und betreten die Schwitzhütte in der Richtung des Sonnenlaufes, barfuß, mit dem Gruß »Aho«.
Die Anzahl und die Größe der Steine, die verwendet werden, hängen vom Leiter, den Anlässen wie beispielsweise Reinigung, Initiation oder anderen Gründen und der Größe der Hütte ab. Ich verwende in unserer Hütte meist zwischen 28 und 56 Steinen, diese betrachten wir als unsere Großmütter und Großväter, unsere Ahnen. Sie teilen ihr Wissen und ihre Erfahrungen mit uns. Es ist wichtig, die Steine zu kennen! Es braucht einiges an Erfahrung, um Steine zu finden, die in der Hütte ganz bleiben. Es kommt öfters vor, dass Steine im Feuer zerspringen, was in der Hütte selbst eine große Gefahr für alle Teilnehmer darstellt. Geeignet sind Granit, Gneis und Vulkangestein. Bei andern Steinarten ist darauf zu achten, dass sie ohne Einschlüsse und Adern sind. Ebenso ist jeder Stein beim Sammeln zu fragen, ob er mitkommen will. Möchte er, lässt man ein bisschen Tabak oder Kräuter an dem Platz liegen, an dem

man ihn gefunden hat. Die Steine werden in einem Feuer etwa zweieinhalb bis dreieinhalb Stunden erhitzt. Wenn sie heiß sind und glühen, trägt sie ein Feuerhüter mit einer Heugabel oder einer speziell dafür angefertigten Holzgabel in die Hütte. Die Schwitzhüttenteilnehmer begrüßen die Ahnensteine mit einem gemeinsamen »Aho« und mit verschiedenen Kräutern wie Salbei, Zeder, Süßgras oder anderen.

Der hier nun folgende Text ist nur eine Möglichkeit, die Hütte zu leiten. Jede Schwitzhütte wird jedoch immer auf die Teilnehmer und deren Bedürfnisse abgestimmt.
In die erste Runde meiner Reinigungshütte begleiten uns sieben Steine: Einer für jede Himmelsrichtung: Vor uns (Osten), rechts von uns (Norden), hinter uns (Westen), links von uns (Süden), unter uns (Mutter Erde) über uns (Vater Sonne/Himmel) und mitten in uns (das Zentrum/Herz/Licht/Seele/Äther). Übergeordnet steht diese Runde für den Mutteraspekt (Mutter Erde, deine Mutter, alle Mütter des Universums). Ich gieße in dieser Runde viermal auf, zu Ehren der vier Elemente, die uns begleiten: Erde, in deren Bauch wir sitzen, um neu geboren zu werden; Wasser, mit dem wir aufgießen, das reinigt und heilt; Feuer, das die Großmütter/-väter-Steine erhitzt hat; Luft, die mit ihrer Kraft das verdampfte Wasser aus dem Feuer aufnimmt und durch die Hütte trägt. Mit Liedern und Trommeln begrüßen wir alle Helfer, Spirits und Wesen aus den Welten, die diese Hütte begleiten. In dieser Runde können wir Mutter Erde um etwas bitten, was immer es auch ist. Falls die Hitze in der Hütte zu groß wird, tut es gut, sich auf den kühlen Boden zu legen. Außerdem ist es hilfreich, sich zu entspannen und zum Beispiel die Handflächen auf den Boden zu legen und so die Hitze abfließen

zu lassen. Wenn man die Hitze nicht mehr aushalten kann, ruft man »Mitakue oyasine!« Dann öffnet der Feuerhüter sofort die Tür. Am Ende der ersten Runde rufen alle gemeinsam: »Aho, mitakue oyasine!« Das bedeutet: »Ich grüße alle meine Verwandten!« Auf diesen Ruf hin öffnet der Feuerhüter die Tür, und frische Luft strömt in die Hütte.

Vor der zweiten Runde bringt der Feuerhüter weitere Steine in die Hütte. Die Anzahl der Steine für diese und die weiteren drei Runden ist variabel. Der Schwitzhüttenleiter spricht sich diesbezüglich mit dem Feuerhüter ab. Ich mache in der zweiten Runde acht Aufgüsse: einen für jeden Kontinent auf dieser Erde, das sind fünf, und je einen für die Untere Welt, für die Mittlere Welt und für die Obere Welt. Übergeordnet steht diese zweite Runde für den Vateraspekt (Vater Sonne, dein Vater, alle Väter des Universums). In dieser Runde haben Bittgebete Platz. Jeder Teilnehmer hat die Gelegenheit, leise für sich oder laut hörbar für alle, seine Bitten an die Schöpfung auszusprechen. Je nach Anzahl der Teilnehmer beten die Menschen einzeln nacheinander oder gleichzeitig. Trommel und Gesang begleiten ihre Bitten. Das Ende eines Gebets zeigt jeder mit einem lauten »Aho« an, damit der Schwitzhüttenleiter trotz Trommel und Gesänge mitbekommt, wann alle Gebete gesprochen sind. Nach dem Ruf »Aho mitakue oyasine« wird die Tür zum zweiten Mal geöffnet, und das Licht erneut begrüßt. Während wir nun die Luft und das Licht genießen, bringt der Feuermann Trinkwasser. Der erste Schluck gehört Mutter Erde, der Rest ist für uns.

Wenn alle Teilnehmer bereit sind, bringt der Feuerhüter weitere Steine, schließt die Tür, und die dritte Runde beginnt. In der dritten Runde gieße ich persönlich zehnmal auf. Stellvertretend für meine Lehrer und die Helfer, die mich auf meinem Weg unterstüt-

zen. Übergeordnet steht diese Runde für die Kinder der Schöpfung, geboren aus der Verbindung von Mutter und Vater (deine Kinder, du, das Kind, das du bist, alle »Früchte«, Kinder dieses Universums). Dies ist die Runde des Loslassens, um wieder wie die Kinder zu werden. Wie schon in der zweiten Runde auch, wird das Ende jedes Gebets mit einem lauten »Aho« angezeigt. Wieder werden die Gebete von Trommelklängen und Liedern begleitet. Nach dem Ruf »Aho, mitakue oyasine!« wird die Tür geöffnet, und ein drittes Mal begrüßen wir das Licht. Nun bringt uns der Feuermann einen Krug mit Wasser zur Kühlung. Jeder Teilnehmer kühlt seinen Körper, wo er möchte.

Wenn wieder alle Teilnehmer bereit sind, bringt der Feuerhüter die noch verbliebenen Steine, schließt die Tür, und die vierte und letzte Runde beginnt. In dieser Runde mache ich persönlich im übertragenen Sinne mehrere »Millionen« Aufgüsse für die Millionen von Wesen vor unserer Zeit, für die Millionen von Wesen unserer jetzigen Zeit und für die Millionen von Wesen, die uns noch folgen werden.

Nach der Schwitzhütte bleibt ein letzter Rest Wasser für die nächste Schwitzhütte im Kübel, damit dieses Ritual des Bittens und Dankens und der bewussten Reinigung von Körper, Geist und Seele nie ein Ende finden mag. Mit Liedern und Trommeln verabschieden wir uns von den Elementen, den Himmelsrichtungen, den Ahnen, den Spirits, und wir danken auch all jenen, die in Gedanken bei uns waren.

Nach der letzten Runde wird die Tür geöffnet, und die Teilnehmer verlassen in der Richtung des Sonnenlaufs die Hütte. Der Leiter kommt zuletzt. Beim Hinaustreten ruft jeder einzeln »Aho« als Dank und Gruß an die Schöpfung.

$\mathcal{E}$s ist in unserer zivilisierten Kultur für einen jungen Menschen extrem schwierig, seine eigene Richtung zu finden. Der Druck und die Anforderungen, die gestellt werden, sind enorm. Gerade darum ist es wichtig, dem Jugendlichen eine gute Basis an Werten mitzugeben, aber auch die notwendigen Informationen, um die Verantwortung für das eigene Tun übernehmen zu können. Gruppenfähigkeit ist ebenso wichtig wie Individualität, in gemeinsam gefeierten Riten und Zeremonien wird beides gefördert. Die Rituale, die ich hier und im Weiteren beschreibe, sollten dennoch nicht getrennt vom wirklichen Leben verstanden werden.

Meine eigenen Kinder haben vom Säuglingsalter an teilgenommen, wo es möglich war. Beide sind begeisterte Schwitzhüttenbesucher, und gelegentlich machen sie Yoga und Meditationen. Beide haben ihre Krafttiere, mit denen sie auch arbeiten, und persönliche Altäre. Kinder merken recht bald, dass sie »anders« sind. Meine Kinder können damit gut umgehen. Inzwischen wissen sie genau, mit wem sie über was reden können. Sie haben Freunde, mit denen sie über die Welten reden, und sie haben andere Freunde, mit denen sie andere Spiele spielen.

Eine Geschichte aus dem Kindergarten

Die Kinder lernen die Geschichte von Jesus, und die Erzieherin fragt die Kinder: »Wo wohnt der liebe Gott?« Mein großer Sohn ruft ganz überzeugt: »Der liebe Gott wohnt in meinem Bauch!« Die Erzieherin lacht und meint: »Wie kommst du denn darauf?« – »Na, ganz einfach«, sagt er, »wenn der liebe Gott in allem ist, was lebt, dann ist er auch in mir und in meinem Frühstück. Das ist jetzt in meinem Bauch. Darum denke ich, dass er in meinem Bauch lebt.« Die Erzieherin erklärt ihm, dass der liebe Gott im Himmel wohnt und nicht in seinem Bauch. Mein Sohn glaubt ihr das nicht, weil er sich fragt, was denn der liebe Gott dort oben tun sollte. Da ist es langweilig. Er ist heute noch davon überzeugt, dass er hier bei uns ist.

Im Folgenden möchte ich eine Geschichte erzählen, die zeigt, wie Kinder in den Weg der Spiritualität einbezogen werden können. Die Geschichte ist erfunden, das spielt aber keine Rolle. Viel wichtiger ist ohnehin ihre Botschaft. Ich erfand diese Geschichte, als meine Kinder wissen wollten, warum unsere tunesischen Tageskinder, die Moslems waren, kein Schweinefleisch essen durften. Ich erklärte ihnen erst, dass ihre Religion dies verbot. Daraufhin wollten sie wissen, woher die Religionen kamen. Nun hätte ich ihnen einen Vortrag über die großen Weltreligionen halten können. Aber ich erfand eine Geschichte, mit der ich versuchen wollte, ihnen die Grundwerte zu vermitteln.

Wieso hat der liebe Gott so viele verschiedene Gestalten?

Vor langer, langer Zeit, als das Universum noch sehr jung war, gab es vier Brüder. Ihre Namen waren Jesus, Mohammed, Manitu und Buddha. Tagein, tagaus spielten sie und vergnügten sich in den Weiten des Universums. Wie alle Kinder waren auch diese vier begeisterte Erfinder. Eines Tages hatten sie keine Lust mehr, mit den Planeten und Sternen Fußball zu spielen oder um die Wette Sternenlichter auszublasen und sie saßen gemeinsam auf einer Wolke und überlegten sich, was sie erfinden könnten. Da kamen sie auf die Idee, sich Spielgefährten zu basteln. Denn, wenn sie noch mehr wären, wäre es schließlich noch viel spannender, etwas gemeinsam zu unternehmen. Sie sammelten eine Menge Planetendreck und Universumsstaub, Sternenlicht und Sonnenwasser und panschten alles zu einer festen, geschmeidigen Masse zusammen. Dann nahm sich jeder der vier Brüder einen Klumpen dieser Masse und begann, ihn zu formen. Dabei kamen Figuren, die ihnen ähnelten, heraus, also »menschlich-göttliche« Gestalten. Sie trugen ihre Figuren zum großen Lebensofen, um sie dort zu backen und ihnen die Geheimnisse des Lebens einzubrennen. Darüber hinaus brauchten sie den Lebensofen, um sie leuchten zu lassen.

Als Erstes war Jesus an der Reihe. Er war ein ungeduldiges und vielleicht auch ein bisschen zappeliges Kind. Darum nahm er seinen »Menschen« recht schnell wieder aus dem Ofen heraus. Sein »Schlamm-Mensch« war deshalb recht blass, aber trotzdem gut gelungen. Danach schob Buddha sein Kunstwerk in den Ofen, er wartete ein wenig länger als Jesus, und sein Menschlein wurde wunderbar goldgelb. Nun war Manitu an der Reihe, er befürchtete, dass die Hitze im Ofen schon etwas nachgelassen hatte, und legte ordentlich Brennmaterial nach. Seine Figur wurde daraufhin ziemlich rot. Spät am Tag war Mohammed an der Reihe. Er war schon ziemlich müde, als er sein Werk in den Ofen schob, und schlummerte ein. Als er erwachte, war sein Menschlein dunkelbraun, beinahe schwarz, aber quietschvergnügt.

Am nächsten Tag suchten die vier Brüder einen Planeten für ihre Spielgefährten aus. Sie wählten unsere Erde. Sie setzten ihre durch den Lebensofen zum Leben erweckten Figuren auf die Erde und sehen ihnen seit diesem Zeitpunkt beim Spielen zu. Nun, ich denke, manchmal schütteln sie da oben auf ihrer Wolke den Kopf über die komischen Spiele, die wir spielen!

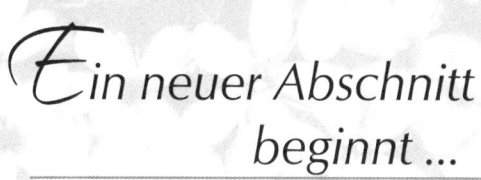

Ein neuer Abschnitt beginnt ...

In der neuen Umgebung fühlte ich mich nicht besonders wohl. Die Wohnung war schon komplett möbliert, als wir einzogen. Eigene Möbel hatten wir keine mehr. In den nächsten Tagen holte mein Stiefvater zwar noch das Nötigste an Geschirr und solchen Sachen, aber der Großteil blieb in unserem alten Haus zurück. Für mich war es nun noch leichter, von zu Hause wegzubleiben. In der Stadt hatte ich viel mehr Freizeitmöglichkeiten als im Dorf. Ich trainierte täglich circa fünf bis sechs Stunden. Beinahe jede freie Minute verbrachte ich auf den Sportplatz oder im Schwimmbad. Verbieten konnten meine Eltern mir dies nicht, ich stand ja nun unter Aufsicht des Jugendamts und sie hatten ihre Anweisungen. In dieser Zeit gewann ich einige Wettkämpfe auf Landesebene. Ich liebte Sport. Gegenüber dem Haus, in dem wir wohnten, stand eine kleine katholische Kirche. Jeden Samstagabend ging ich dorthin in die Abendmesse. Nach wie vor interessierte mich Religion brennend. Ich kam mit dem Pfarrer dieser Kirche in Kontakt, und wir verstanden uns sehr gut. Er bot mir an, eine »Jungschargruppe« mit Erst- und Zweitklässlern der Grundschule zu leiten. Freudig nahm ich dieses Angebot an. Gemeinsam mit einer Freundin, die ich aus der Schule kannte, übernahm ich ab sofort einmal pro Woche die Leitung dieser Kindergruppe.

Der evangelische Pfarrer wohnte direkt im Wohnblock neben uns. Ich mochte diesen Mann sehr gern. Er war in der Schule auch mein Religionslehrer und hatte immer ein offenes Ohr für alle, die Hilfe brauchten. Irgendwann kamen mir damals beim Lesen der Bibel erstmals Zweifel. Meine Zweifel betrafen zwei Stellen im alten Testament. Ich ging zu beiden Pfarrern und fragte sie nach ihrer Meinung dazu. Meine erste Frage lautete: »Adam und Eva waren die ersten Menschen. Sie hatten zwei Söhne, Kain und Abel. Kain hat Abel erschlagen. Dann zog Kain in ein fremdes Land und nahm sich eine Frau. Woher kommt bitte diese Frau?« Meine zweite Frage bezog sich auf die Geschichte von Sodom und Gomorrha. Darin rettete Gott Lot und seine Familie. Seine Frau erstarrte zwar zur Salzsäule, aber sie war ja laut der Geschichte selbst schuld, weil sie ungehorsam gewesen war. In dem Text heißt es aber auch, dass Lots Töchter ihn betrunken gemacht haben, um sich anschließend von ihm schwängern zu lassen. Warum ist Gott zu Lots Frau so hart, verschont aber seine Töchter, die gezielt Inzucht betreiben? Einer der beiden Pfarrer tadelte mich und erklärte, dass am Wort Gottes nicht zu zweifeln sei. Es sei so anzunehmen, wie es geschrieben stehe, alles andere sei eine Todsünde. Der andere Pfarrer lachte und sagte: »Kind, die Bibel ist ein Buch mit vielen Geschichten, die uns helfen sollen, das Leben besser zu verstehen. Wir können aus ihnen lernen, aber wörtlich nehmen dürfen wir sie nicht.« Ich begann, mich langsam von der Kirche und ihrer Religion zu entfernen. Ich war neugierig, was es sonst noch so gab.

In unsere Klasse kam eine neue Schülerin, ihr Name war Maresa. Sie war weißblond, groß und hatte strahlende blaue Augen. Ihre Eltern waren Entwicklungshelfer in Togo gewesen, ihre Mutter war aber mit ihren beiden Mädchen wegen der Schule nun wieder nach Europa gekommen. Maresa sprach hochdeutsch und fließend Englisch und Französisch. Von den andern Kindern wurde sie oft wegen ihres Namens verspottet. Sie war eine Außenseiterin, genau wie ich. Wir wurden Freundinnen. Sie erzählte mir viel von Afrika und den Menschen dort. Ich besuchte sie gern, denn auch ihre Mutter konnte sehr spannend vom Leben in Afrika erzählen.

In diesem Herbst saß ich eines Nachmittags mit meiner Freundin, die mit mir die Jungschargruppe leitete, in einem Selbstbedienungsrestaurant, das so etwas wie ein Jugendtreff war. Sie hatte gerade eine Blindarmoperation hinter sich, und wir unterhielten uns über die Schule und die bevorstehenden Schularbeiten und Prüfungen. Ich jammerte wegen der vielen Tests, die in der kommenden Woche anstanden, und meine Freundin meinte: »Ist doch kein Problem! Du gehst zu dem einen Arzt, bei dem ich auch war, und erzählst ihm, dass es dir auf der rechten Bauchseite bis zur Mitte hin wehtut. So fühlen sich die Schmerzen bei einer Blindarmentzündung an. Der Arzt schreibt dir dann eine Überweisung, und du liegst für mindestens eine Woche im Krankenhaus.« Ich schaute sie verblüfft an und fragte: »Ist das dein Ernst? Das glauben die mir doch nie!« Sie lachte und begann, mich zu verspotten: »Feigling, Feigling! Du bist doch nur zu feige, es auszuprobieren!« Das ließ ich mir kein zweites Mal sagen. Ich stand auf und machte mich auf den Weg zu dem besagten Arzt. Im Wartezimmer versuchte ich, einen möglichst schmerzverzerrten Gesichtsausdruck zu machen. Als ich an der Reihe war, beschrieb ich die angeblichen Schmerzen genau so, wie es mir meine Freundin erklärt hatte. Der Arzt untersuchte mich. Wenn er die Stellen berührte, von denen meine Freundin gesagt hatte, dass sie bei einer Blindarmentzündung wehtaten, jammerte ich. Der Arzt stellte tatsächlich die Diagnose Blindarmentzündung. Er wollte mich nicht einmal mehr nach Hause gehen lassen. Dazu konnte ich ihn aber noch überreden. Er wollte wissen, wie lange ich nach Hause brauchte, und er sagte mir, dass er mir in einer halben Stunde ein Rettungsauto nach Hause schicken würde. Dann machte ich mich auf den Weg zur Bushaltestelle. Der Bus hielt vor unserem Wohnblock, und ich ging in die Wohnung. Zu meiner Mutter sagte ich: »Du Mami, ich brauche ein paar Sachen fürs Krankenhaus, es kommt gleich ein Rettungsauto, das mich hinbringt. Ich werde am Blindarm operiert.« Sie schaute mich ziemlich verblüfft an und fragte: »Wie kommst du denn auf diese Idee?« – »Na ja«, sagte ich, »der Arzt, bei dem ich gerade war, hat mir eine Überweisung geschrieben, und er hat gemeint, ich solle besser keine weiten Strecken mehr zu Fuß laufen. Darum schickt er mir ein Rettungsauto hierher.« Dann musste ich mich umdrehen, damit meine Mutter nicht merkte, dass ich grinsen musste, innerlich zerriss es mich nämlich beinahe vor Lachen. Meine Mutter hatte keine Ahnung, wie sie mit der Situation umgehen sollte. Letztlich packte sie mir einige Sachen zusammen. Als sie fertig war, stand auch schon das Rettungsauto vor der Tür.

Es war komisch, mir fehlte nichts, absolut nichts. Dennoch stieg ich mit meiner Tasche in das Rettungsauto ein und winkte meiner Mutter, die ungläubig und verwundert an der Tür stand. Im Krankenhaus angekommen wurde ich nervös, schließlich würden mich die Ärzte dort bestimmt noch einmal untersuchen. Ich verhielt mich genauso wie bei dem Arzt, bei dem ich zuvor gewesen war. Und tatsächlich wurde ich aufgenommen. Für den nächsten Tag wurde die Operation angesetzt. An diesem Abend lag ich mit einem komischen Gefühl in meinem Krankenhausbett. Seit meinen Augenoperationen war ich nie wieder in einem Krankenhaus gewesen und auch sonst bei keinem Arzt, außer bei den Schuluntersuchungen. Ungefähr eine Stunde später wurde ein anderes Mädchen ins Zimmer gebracht, das ebenfalls eine Blindarmentzündung hatte. Sie war zwei Jahre älter als ich. Im Gespräch stellte sich heraus, dass sie ganz in meiner Nähe wohnte. Ihr Name war Petra. Früh am nächsten Tag wurde ich in den Operationssaal gebracht, und mein vermeintlich entzündeter Blindarm wurde herausgenommen. Als ich aufwachte, konnte ich mich natürlich an nichts erinnern. Aber ich weiß noch, dass es ein komisches Gefühl war. Der Schnitt im Bauch war mit kleinen Klammern zugeklemmt, es sah komisch aus.

Am späten Nachmittag kam mich meine Mutter besuchen. Mein Stiefvater und meine kleine Schwester waren auch dabei. Meine Mutter war ziemlich misstrauisch. Ich glaube, sie wusste, dass mir eigentlich nichts fehlte. Ich habe keine Ahnung, ob die Ärzte diesbezüglich etwas zu ihr gesagt hatten. Aber ich war operiert worden und musste jetzt noch mindestens eine Woche im Krankenhaus liegen. Meine Familie blieb nur kurz, ich weiß nicht mehr, ob sie im Laufe dieser Woche noch einmal bei mir zu Besuch war. Mit Petra verstand ich mich gut und obwohl sie viel Besuch bekam, hatten wir genügend Zeit zum Quatschen. Sie war schon im »Polytechnischen Lehrgang«, danach wollte sie eine Lehre machen. Sie war schon eine »richtige Frau«, hatte Verehrer, rauchte und trank manchmal Alkohol. Sie war vom Nachmittag bis zum Abendessen selten im Zimmer. Im Laufe der Woche kamen mich auch Maresa und ihre Mutter besuchen. Sie brachten mir ein Buch mit, das den Titel hatte: »Der weiße Wolf«. Die

Autorin des Buches ist die österreichische Schriftstellerin Käthe Recheis. Diese Geschichte gehört für mich zu den großen magischen Märchen über die Zusammenhänge des Lebens. Ich las das ganze Buch in dieser Woche. Es war für mich eine Offenbarung, die ich erst viel später wirklich verstehen sollte. Als ich aus dem Krankenhaus nach Hause kam, wurde dort kein Wort mehr darüber verloren. Ich behielt Maresas Buch noch einen ganzen Monat und las es noch einmal. Meine Mutter auch. Auch ihr gefiel die Geschichte außerordentlich gut.

Die Schultests hatte ich aufgrund meiner Operation zwar verpasst, aber ich musste sie alle nachholen. Insgesamt war ich auf dem Gymnasium, auf das ich nie hatte gehen wollen, eine ziemlich miese Schülerin. Mir fehlte die Motivation, acht Jahre auf diese Schule zu gehen, Abitur zu machen und dann zu studieren, obwohl ich auch schon damals gern Lehrerin geworden wäre. Abgesehen von meiner mangelnden Motivation konnte ich mir unmöglich vorstellen, wie bei meinen Verhältnissen zu Hause ein Studium »funktionieren« sollte. Ich hatte nach dem Wechsel auf die andere Schule schon die erste Klasse wiederholt. Nun war ich aber auch schon zum zweiten Mal in der dritten Klasse.

In jenem Herbst lernte ich auf dem Markt bei uns in der Stadt eine Gruppe junger Leute kennen, die bei einer politischen Organisation waren. Ich unterhielt mich mit ihnen und fand es ziemlich interessant, was sie so alles machten. Ich beschloss, am kommenden Samstag auf ihr Treffen zu kommen. Die meisten Leute in der Gruppe waren vier bis fünf Jahre älter als ich. Aber das war mir egal, denn sie akzeptierten mich voll und ganz. Meine Meinung zählte, und wenn ich etwas sagen wollte, hörten sie mir zu. Für mich war das eine völlig neue Erfahrung. Petra ging mit mir mit. Wir blieben auch nach dem Krankenhaus in Kontakt. Bald merkte ich, dass diese Gruppe mich stärkte, und ich mich fühlte mich sehr wohl. Meine Mutter war in ihrer Jugend in derselben Organisation tätig gewesen und begrüßte mein Interesse. Langsam aber stetig dehnten sich die Samstagnachmittage immer weiter aus und dauerten bald bis in den Abend hinein. Ich begann, mit den Leuten aus der Gruppe durch die Lokale zu ziehen. Einen jungen Mann aus der Gruppe mochte ich besonders gern. Mit ihm konnte ich stundenlang reden und philosophieren. Er sollte auch der erste Mensch aus diesem Freundeskreis werden, der hautnah mitbekam, was bei mir zu Hause los war.

An einem Samstag kam ich gegen 18.00 Uhr nach Hause. Ich öffnete die Tür, und im Gang lag meine Mutter. Sie war sturzbetrunken, und mein Stiefvater hatte sie wieder einmal verprügelt. Sie sah ziemlich schlimm aus. Er war schon wieder weg. Ich wusste aber, dass er bald wiederkommen würde, weil er nur meine Schwester abholen wollte. Ich lief zur Telefonzelle und rief im Jugendzentrum an, in dem wir uns immer trafen. Mein Freund war noch da und kam ans Telefon. Ich sagte ihm, dass es wirklich ein Notfall sei und dass er unbedingt sofort kommen solle. Alles Weitere würde ich ihm erklären, wenn er da sei. Er kam. Als ich zurück in unserer Wohnung war, bemerkte ich, dass mein Stiefvater schon wieder da war. Ich wartete vor dem Haus auf meinen Freund. Kurz darauf gingen wir gemeinsam in die Wohnung. Meine Mutter saß jetzt am Tisch, sie war noch immer ziemlich lädiert und betrunken sowieso. Ich ging auf sie zu, nahm sie am Arm und sagte zu ihr: »Du kommst jetzt mit uns mit, wir gehen jetzt von hier weg – und zwar beide.« Sie schaute mich mit großen Augen an, war aber zu betrunken, um aufzustehen. Mein Freund kam uns zur Hilfe. Mein Stiefvater war durch die Anwesenheit meines Freundes so verwirrt, dass er keinerlei Anstalten machte, uns daran zu hindern. Er verstand in diesem Augenblick, dass er keine Kontrolle mehr über mich hatte. Wir stützten meine Mutter zu zweit und gingen mit ihr aus der Wohnung. Es war mühsam, sie schwankte stark und wollte noch ihre Schminksachen und unbedingt die guten Schuhe mit den hohen Absätzen mitnehmen. Wir schafften es irgendwie, sie ins Auto zu packen, und dann sagte ich meinem Freund, er solle mit uns zu meinen Großeltern fahren, den Eltern meiner Mutter. Meine Mutter saß auf dem Beifahrersitz und baggerte ihn unaufhaltsam an.

Dabei war sie ziemlich offen und ungeniert. Ich schämte mich bis aufs Blut. Innerlich brüllte ich vor Zorn. Mein Freund sagte die ganze Fahrt über kein Wort. Die Situation war ihm sichtlich peinlich, und er hatte Probleme, mit ihr umzugehen. Bei meinen Großeltern angekommen, hievten wir meine Mutter aus dem Auto und gingen mit ihr zur Wohnung. Als meine Großeltern uns öffneten, waren sie erst ziemlich überrascht. Als sie den Zustand meiner Mutter sahen, wechselten ihre Gesichtsausdrücke von Entsetzen über Ungläubigkeit bis hin zu Unverständnis. Sie baten uns herein, und wir legten meine Mutter auf ein Sofa. Sie wehrte sich kaum noch, der Alkohol forderte seinen Tribut – und der Rest des Körpers wohl auch. Wir setzten uns zu meinen Großeltern in die Küche und erzählten ihnen alles. Mein Freund verhielt sich nach wie vor sehr still. Er war ziemlich blass und auch nervös. Ich denke, die ganze Sache machte ihm ziemlich zu schaffen. Ich besprach mit meinen Großeltern, dass meine Mutter erst einmal bei ihnen bleiben sollte und dass ich wieder nach Hause gehen sollte. Am nächsten Tag war Schule, und mir würde mein Stiefvater nichts antun. Er wusste, dass hinter mir das Jugendamt stand.

Wir verabschiedeten uns mit der Absprache, dass ich am nächsten Tag anrufen würde. Mein Freund und ich machten uns auf den Nachhauseweg. Wir stiegen ins Auto ein, schlossen die Türen, und er steckte den Schlüssel ins Schloss. Seine Hand sank auf einen seiner Oberschenkel, er sah mich an und fragte: »Seit wann geht das so?« Ich schaute aus dem Autofenster und sagte: »So richtig seit ich ungefähr sieben Jahre alt bin. Seitdem kann ich mich daran erinnern.« Er schaute mir lange schweigend ins Gesicht und fragte mich dann: »Hat das schon jemals jemand vor mir mitbekommen?« Ich schaute ihm in die Augen und sagt: »So hautnah wie du heute noch nie. Ich habe dem Jugendamt davon erzählt, und meine Großeltern wissen Bescheid. Aber ansonsten weiß es niemand.« Er startete das Auto und fuhr los. Er war nach wie vor ziemlich verwirrt und aufgewühlt. Während wir über die Dörfer fuhren – er wollte die Autobahn meiden – erzählte ich ihm aus meinem

Leben. Er hörte aufmerksam zu. Dabei rauchte er eine Zigarette nach der anderen. Daran merkte ich, dass er ziemlich aufgewühlt war. Er rauchte sonst ganz wenig. Plötzlich sahen wir hinter uns ein Blaulicht der Polizei. Die Polizisten lotsten uns an den Straßenrand, wir mussten stehen bleiben. Ein Beamter kam ans Auto, und mein Freund musste aussteigen. Sie kontrollierten seine Papiere und fragten ihn, ob er Alkohol getrunken hatte oder ob er sonstige Drogen genommen hatte. Er bestritt beides, was auch der Wahrheit entsprach. Die Beamten sagten ihm, dass sie circa fünf bis sechs Kilometer hinter ihm hergefahren waren und er die ganze Strecke über Schlangenlinien gefahren war. Sie bestanden auf einem Alkoholtest. Dieser fiel natürlich negativ aus. Wir versicherten den Polizisten beide sehr ernsthaft, dass wir stocknüchtern waren und dass mein Freund einfach sehr müde war, weil er einen harten Tag hinter sich hatte. Die Beamten schlugen vor, dass ich fahren sollte. Daraufhin antwortete ich lachend, dass das sicherlich Probleme gebe, weil ich noch keinen Führerschein hatte. Immer noch skeptisch jedoch machtlos gingen die beiden Beamten zurück zu ihrem Auto, und wir fuhren weiter. Mein Freund meinte, dass es eine gute Idee wäre, im nächsten Dorf irgendwo eine Kleinigkeit zu essen. So kehrten wir in einem Gasthof ein. Dort sprachen wir dann sehr ausführlich über mein weiteres Leben. Ich denke, in dieser Nacht habe ich auch zum ersten Mal wirklich darüber nachgedacht, wie es weitergehen sollte. Wir unterhielten uns bis zur Sperrstunde, dann fuhren wir weiter. Bei mir zu Hause angekommen, war das Ende unseres Gespräches noch in weiter Ferne. Wir stiegen aus dem Auto aus und machten einen ausgedehnten Spaziergang in der sternenklaren, kühlen Herbstnacht. Wieder beim Auto angekommen, saßen wir noch bis in die Morgendämmerung darin. Gegen halb sechs schlich ich mich in mein Bett. Eine Stunde später weckte mein Stiefvater mich und meine Schwester. Sie war mittlerweile auch schon sieben Jahre alt und ging in der Schule. Er sprach kein Wort mit mir. Ich packte meine Schulsachen und machte mich auf den Weg. Als ich an diesem Nachmittag aus der Schule nach Hause kam, war niemand da. Ich ging ins Kinderzimmer und arbeitete an einem Bild für die Schule. Es war das Bild einer Berglandschaft im Schein der Herbstsonne. Ich arbeitete mit Wasserfarben und hatte über zehn verschiedene Grüntöne eingearbeitet. Das Bild war für eine Ausstellung in der Schule gedacht. In meine Arbeit völlig vertieft, überhörte ich, dass mein Stiefvater in die Wohnung gekommen war. Als er mich direkt hinter mir stehend ansprach, erschrak ich ziemlich. Ich roch sofort, dass er getrunken hatte. »Wo ist die alte Schlampe?«, wollte er wissen. Ich schaute ihn wortlos an. Er fragte mich noch einmal, und ich antwortete: »Weg, und wo, geht dich gar nichts an.« Er wurde wütend und griff nach meinem Arm, ich sprang auf die Seite und zischte ihn an: »Versuche es doch, ich zeige dich an, wenn du es wagen solltest, mich anzugreifen.« Mein Stiefvater lachte und antwortete: »Wenn ich dich angreife, dann mache ich dies schon so, dass es keiner sieht. Da kannst du dir sicher sein!« Mit schnellen Schritten kam er auf mich zu. »Du kleines Miststück, du bist dieselbe Schlampe wie deine Mutter!« Ich wich ihm aus und konterte: »Von wegen, ich bin Jungfrau!« Lachend drehte er sich um, griff nach meinem Bild und zerfetzte es in tausend Stücke. Ich war wie erstarrt, Stunden über Stunden hatte ich an diesem Bild für die Ausstellung gearbeitet. »Aber nicht mehr lange«, meinte er. Mit einer schnellen Bewegung fasste er mich am Arm und hielt mich fest. Ich war völlig überrumpelt. Im nächsten Moment erlangte ich meine Fassung wieder, blickte ihm direkt in die Augen und trat ihn mit meinem Knie voll in seine Eier. Damit hatte er nicht gerechnet. Er ging vor Schmerz stöhnend in die Knie. Während er sich vor Schmerzen auf dem Boden wälzte, rannte ich aus der Wohnung. Im Laufen schnappte ich mir meine Schulsachen und knallte die Tür hinter mir zu. An diesem Tag ging ich zu einem Jungen aus der Gruppe, der mit seinem Bruder zusammen eine Wohnung in der Stadt hatte. Die beiden nahmen mich freundlich auf, und ich durfte für eine Weile bei ihnen wohnen.

Ich telefonierte mit meiner Mutter und erzählte ihr, was passiert war. Sie glaubte nicht, dass mein Stiefvater mich wirklich missbrauchen wollte. Es war aber klar, dass er zu weit gegangen war, und das schon viel zu lange. Sie beschloss, an diesem Tag die Scheidung einzureichen. Nach Hause traute ich mich nicht, also blieb ich erst einmal, wo ich war. Einige Tage später kam meine Mutter zurück. Die Scheidung war schon eingereicht. Damals mussten Eheleute noch sechs Monate getrennt voneinander leben, bevor eine Scheidung rechtskräftig wurde.

Gemeinsam mit Petra und den Leuten aus der Jugendgruppe zog ich immer mehr in der Gegend herum. Mein Freund, der damals meine Mutter und mich gefahren hatte, war manchmal dabei, aber er hatte mir auch gesagt, dass er eine feste Freundin hatte. Ich verstand das, er war schließlich auch fünf Jahre älter als ich. Es wäre sogar verboten gewesen, wenn er etwas mit mir angefangen hätte. Wir blieben dennoch gute Freunde. Wir fuhren gemeinsam auf Veranstaltungen und Treffen, öfter auch für eine Woche oder übers Wochenende. Nachdem in der Gruppe bekannt geworden war, was bei mir zu Hause los war, wurden die Gruppenmitglieder fast so etwas wie meine Beschützer. Den Herbst und auch den Winter über war ich eigentlich nur noch unterwegs. Das Training baute ich immer mehr ab. Mein Trainer meinte zu mir: »Mädchen, das nächste Jahr wird zeigen, ob du den Sport dem Lasterleben vorziehst. Du bist gut, du könntest wirklich etwas erreichen, überlege es dir!« Bei diesem Trainer blieb ich noch das ganze Schuljahr über, es war mein letztes auf dem Gymnasium. Noch einmal gewann ich eine Meisterschaft im Speerwerfen. Die anderen Sportarten ließ ich nach und nach bleiben. Dafür war ich immer mehr und länger unterwegs. An den Wochenenden war ich so gut wie nie zu Hause. Mit meinen damals noch keinen 14 Jahren hatte ich in Begleitung der Gruppe keine Probleme irgendwo hineinzukommen. Aber wenn ich mit den Leuten aus der Gruppe unterwegs war, durfte ich höchstens ein bis zwei Cocktails trinken, die sie mir bestellten, ansonsten hatte ich Alkoholverbot. Während meine Mutter und ich in der Wohnung blieben, zogen mein Stiefvater und meine Schwester aus. Sie wollte damals mit ihrem Vater mitgehen. Wir Kinder sahen uns nur noch selten. Meine Mutter wollte das Sorgerecht für uns beide haben, mein Stiefvater wehrte sich dagegen. Er wollte meine Schwester behalten. Wir erkundigten uns bei den zuständigen Behörden, die uns sagten, dass er keine Chance hatte, denn das Kind gehörte zur Mutter. Bei seinem nächsten Auftauchen sagten wir ihm dies und wir wollten meine Schwester auch sogleich dabehalten. Er fing an, hämisch zu lachen, und schaute uns mit gefährlich blitzenden Augen an:»Wenn ihr Schlampenpack es wagt, mir dieses Kind wegzunehmen, dann schwöre ich, fahre ich deine Tochter zu einem Krüppel.« Bei diesen Worten schaute er meine Mutter direkt an.»Und Alte, du kannst mir glauben, keiner wird mir das nachweisen können.« Meine Mutter antwortete:»Was hat sie damit zu tun? Ich bin es doch, die du hasst!« – »Ja, richtig, aber dir ist dein Leben nichts wert. Dir ist es egal, aber wenn ihr etwas passiert, dann leidest du. Und das ist es, was ich will.« Wir waren beide wie vor den Kopf gestoßen und wussten, dass er keine leeren Drohungen machte.

Am Freitag, den 13. April, wurde die Scheidung meiner Mutter und meines Stiefvaters rechtskräftig. Welche Ironie des Lebens war es doch, dass die beiden am Freitag, den 13. Januar, vor sieben Jahren geheiratet hatten! Meine Mutter verzichtete auf das Sorgerecht für meine Schwester. Bald darauf begann sie zu arbeiten, und wir suchten eine andere Wohnung für uns. Sie arbeitete als Abräumerin in einem Selbstbedienungsrestaurant. Eine neue Wohnung zu finden, erwies sich als sehr schwierig. Niemand wollte eine alleinerziehende Mutter mit einem Teenager als Mieterin haben. Schließlich fanden wir ein Apartment mit 35 Quadratmetern. Es war winzig. Ein Wohnschlafraum, eine Kochnische und ein Bad mit Dusche. Aber es war das Einzige, das wir bekamen. Ich beschloss, mein Bett auf dem Balkon herzurichten. Ich genoss die Nächte auf diesem überdachten Balkon. Ich konnte zu den Sternen hinaufschauen, ich liebte die frische Luft und die Aussicht auf die Berge. Mir war es egal, dass es erst Anfang April war und die Nächte noch ziemlich kühl. Meiner Mutter war es recht, so konnte sie am Abend in dem einzigen Raum, den wir hatten, noch lesen oder fernsehen.

In diesem Frühjahr sollte sich alles ändern. ER tauchte in der Gruppe auf. Er hatte ein sehr offenes und irgendwie lustiges Gesicht, war immer mit dem Fahrrad unterwegs und wurde auch Mitglied der Gruppe. Er war 17 Jahre alt und einfach süß. Ich war hin und weg. Er wurde meine erste Beziehung, bei der mehr lief, als nur Händchenhalten. Petra bemerkte mein Interesse und versuchte, sich an ihn heranzumachen. Sie konnte dies natürlich viel besser als ich, denn sie hatte schon Erfahrung und war keine Jungfrau mehr. Er interessierte sich aber für mich, ich konnte es kaum glauben! Wir wurden ein Paar.

Endlich konnte ich meine Freunde auch mit nach Hause bringen. Das war ja, als wir alle noch zusammenlebten, nie möglich gewesen. Ich konnte vorher ja nie wissen, was gerade zu Hause los war. Aber seit ich mit meiner Mutter allein lebte, konnte ich mitbringen, wen immer ich wollte. So kam es, dass ich mit den Leuten aus der Gruppe immer wieder auch in unserer winzigen Stube zusammensaß. Meine Mutter verstand sich mit den jungen Leuten ziemlich gut, mit manchen für meinen Geschmack sogar zu gut. »Meine große Liebe« hatte ich aber bis dahin noch nicht mit nach Hause gebracht. Oft redeten und diskutierten meine Freunde den ganzen Abend mit meiner Mutter, ich saß meistens nur dabei und hatte das Gefühl, irgendwie gar nicht mehr dazuzugehören. Aber es war schon zu spät, die Leute mochten meine Mutter und kamen immer öfter zu Besuch. Allerdings wegen ihr – und plötzlich war ich in der Situation, von Menschen, für die ich gerade noch ein vollwertiges, ernst zu nehmendes Gruppenmitglied gewesen war, als Kind angesehen zu werden. Das kränkte und verwirrte mich ziemlich. Ich versuchte also, auch »erwachsen« zu sein. Ich begann, heimlich zu rauchen und klaute meiner Mutter immer wieder Zigaretten. Ich begann, die Wochenenden mit anderen Leuten zu verbringen und betrank mich auch regelmäßig. Ich sah mit meinen 14 Jahren um einiges älter aus, als ich war und hatte auch weiterhin keine Probleme, in Discos und Nachtlokalen Alkohol zu bekommen. Außerhalb der Jugendgruppe gab es auch keinen, der aufpasste, was ich tat. So kam es, dass ich bald schon fast jedes Wochenende unterwegs war und trank. Das Geld dafür klaute ich meiner Mutter, oder ich ließ mich einladen. Mein Freund war manchmal dabei, oft aber war ich auch mit Petra allein unterwegs. Meistens fanden wir irgendwelche Kerle, die uns den Abend über aushielten und unsere Getränke bezahlten. Regelmäßig hauten wir dann ab, bevor diese uns zu nahe kommen konnten. Wir lachten uns hinterher schief über diese »doofen Typen«.

Meine Mutter bewarb sich um eine neue Stelle als Haushälterin in einer Wohngemeinschaft für schwer erziehbare Jugendliche. Sie bekam die Stelle. Darüber freuten wir uns beide wirklich sehr. Ihr Abräumerjob war auch wirklich nur eine Notlösung. Natürlich besuchte ich meine Mutter manchmal in dieser Wohngemeinschaft, und die Jungen dort waren an mir recht interessiert. Bald schon hatte ich eine eigene Leibgarde, die mir beinahe jeden Wunsch von den Lippen ablas. Sie prügelten sich sogar um mich, was mich damals in meiner kindlichen Art furchtbar stolz machte. Aber ich hatte ja auch weiterhin meinen Freund, wir sahen uns circa jeden zweiten Tag. Er stand kurz vor der Abschlussprüfung seiner Lehre und hatte daher wenig Freizeit. Trotz allem war ich zu diesem Zeitpunkt immer noch Jungfrau.

Dann kam der Sommer. Die Betreuer aus der Wohngemeinschaft planten einen Urlaub in Südfrankreich. Auch meine Mutter sollte mitfahren. Das bedeutete, ich würde eine ganze Woche allein sein. Insgeheim freute ich mich auf diese Woche, nach außen hin ließ ich mir natürlich nichts anmerken. Weil Ferien waren, gab es vonseiten meiner Mutter auch keine Bedenken, die das Aufstehen und die Schule betrafen. So kam es, dass meine Mutter an einem Sonntagmorgen mit der Gruppe abfuhr. Mein Freund musste die Woche über arbeiten und für seine Prüfung lernen. Wir verabredeten uns für Freitagabend. Ich wollte für ihn kochen, und er sollte dann die Nacht über bei mir bleiben. Ich plante mein erstes

Mal ganz genau. Ich sparte das Geld, das mir meine Mutter für diese Woche gegeben hatte, für das Wochenende mit ihm. Freitags kaufte ich Rinderfilet, Gemüse, Kroketten und Rotwein ein. Ich räumte die ganze Wohnung auf, deckte den Tisch mit Kerzen und einem Strauß Blumen, die ich auf der Wiese und in den Nachbargärten gepflückt hatte, bereitete alles für das Essen vor und begann dann, mich herzurichten.

Meine Mutter liebte Dessous, sie hatte in ihrem Schrank ein ganzes Regalbrett voll. Eines nach dem anderen zog ich heraus. Schließlich entschied ich mich für einen schwarzen Stringtanga und dazu ein schwarzes Babydoll. Busen hatte ich kaum, also kam ein BH nicht infrage. Darüber zog ich einen schwarzen Seidenpyjama an, den meine Mutter erst vor Kurzem erstanden hatte. Ich schminkte mich, hüllte mich in eine Wolke von Mutters bestem Parfüm und zu guter Letzt streifte ich mir noch ihre hochhackigen schwarzen Schuhe über. Ich war furchtbar aufgeregt. Dann endlich kam er! Ich öffnete die Tür und sah, dass ihm sehr gefiel, was er erblickte. Ich bugsierte meinen Freund an den gedeckten Tisch und machte das Essen fertig. Dann setzte ich mich dazu, und wir aßen gemeinsam. Er redete kaum, dafür konnte ich spüren, dass er mich bereits mit seinen Blicken auszog. Nach dem Essen rauchten wir gemeinsam noch eine Zigarette, räumten den Tisch ab, schoben ihn zurück und klappten das Bett aus dem Schrankverbau. Ich war aufgeregt und sicher auch ein bisschen ängstlich. Er wusste, dass es für mich das erste Mal sein würde. Schneller als ich es mir wünschte, zog er mich aus. Ich ließ ihn machen. Ich hatte ja keine Ahnung, wie es vor sich ging. Meine einzige Aufklärung hatte ich aus Jugendzeitschriften und den wenigen Gesprächen, die ich mit Petra geführt hatte, erhalten.

Wenn ich heute an mein erstes Mal zurückdenke, kann ich es eigentlich nur als ziemlichen Reinfall bezeichnen. So sehr er sich auch abmühte, gelang es ihm nicht, wirklich in mich einzudringen. Ich konnte ihn nicht spüren – warum auch immer. Wir versuchten es in dieser Nacht immer und immer wieder. Irgendwann schlief er neben mir erschöpft ein. Ich lag noch lange wach. Das sollte also nun die schönste Nebensache der Welt sein? Ich war völlig verunsichert. Es hatte nicht wehgetan, aber wirklich schön war es auch nicht gewesen. Da begann sich in mir ein Gedanke zu formen. Die ganzen Jahre über hatte ich erlebt, dass die Frau dem Manne zu Diensten sein musste, um seiner Liebe würdig zu sein. »Vielleicht«, so dachte ich mir, »ist es ja wirklich so? Vielleicht ist es die Aufgabe der Frau, dem Mann Freude zu verschaffen. Es wird wohl so sein, dass es Teil des Frauseins ist, dem Mann Vergnügen zu bereiten.« Mir war klar, dass er nichts dafür konnte. Er hatte ja nur getan, was in seiner Natur lag. Wenn ich dabei keine Empfindungen hatte, so lag das Problem wohl bei mir.

In dieser Nacht kam mir der Gedanke, dass mein Stiefvater vielleicht doch recht hatte, als er gesagt hatte, dass die Frauen dazu da seien, die Männer zufriedenzustellen. Dieser Gedanke sollte mich in meinem Leben noch eine Weile begleiten. In dieser Nacht schläferte ich meinen Selbstwert für längere Zeit ein. Ich betrachtete mich nun als Frau und dachte, dass es meine Aufgabe war, Männer glücklich zu machen. Was sollte ich denn auch anderes denken? Nie hatte ich das Gegenteil erfahren, nie hatte ich eine Frau kennengelernt, die für sich selbst stark war. Nie wurde mir gesagt, dass ich etwas Wertvolles und Einzigartiges war und dass ich ein Recht auf Gefühle und Empfindungen hatte, die mir guttaten. Mit diesen Gedanken schlief ich ein.

Jäh wurden wir aus dem Schlaf gerissen, als es kurz vor 7.00 Uhr unten an der Tür läutete. Ich sprang auf und ging zur Gegensprechanlage, sicher, dass es sich nur um den Briefträger oder so handeln konnte. Als ich den Hörer abnahm, erklang jedoch die Stimme meiner Mutter, die fröhlich trällerte: »Überraschung, mein Schatz! Wir sind heute schon zurückgekommen!« Eine Überraschung war es auf alle Fälle. Ich schickte meinen Freund samt seinen Klamotten nackt auf den Balkon hinaus und drückte den Türöffner. Meine Mutter kam herauf, sie sah gut aus, erholt, braun gebrannt von der Sommersonne am Meer und gut gelaunt. Letzteres verging jedoch ziemlich schnell. Ich glaube, sie spürte sofort, dass etwas faul war. Das war auch nicht schwer. Auf dem Tisch stand noch eine Weinflasche, in der Spüle zwei Teller, es war offensichtlich, dass jemand da gewesen war. Aber sie tat so, als merkte sie nichts. Ich saß mit ihr in unserem einzigen Zimmer am Tisch und fühlte mich wie auf glühenden Kohlen. Endlich ging sie zur Toilette. Meine Chance, dachte ich mir! Blitzschnell öffnete ich die Balkontür und gab meinem Freund zu verstehen, dass er sich aus dem Staub machen solle. Just in dem Moment, als er sich zur Haustür hinausschleichen wollte, kam meine Mutter zurück. Ich wünschte mir nur noch ein großes Loch, das mich verschlucken würde. Für ein paar Sekunden war es totenstill, keiner von uns sagte ein Wort. Meine Mutter fasste sich zuerst wieder. Sie schaute meinen Freund an und fragte: »Rauchst du?« – »Ja«, antwortete er mit hochrotem Kopf. »Na, dann, lass uns gemeinsam eine rauchen, und dann erzählt ihr mir, was das hier soll«, war die Antwort meiner Mutter. Ich konnte es nicht fassen. Ich hatte mit einem Wutausbruch oder einem Schimpfanfall gerechnet, aber diese Reaktion war ganz anders, als ich erwartet hatte.

Meine Mutter schaute mich an und sagte ziemlich eisig: »Du machst uns eine Kaffee.« Ich ging in die Küche und setzte Kaffee auf. Die beiden setzten sich an den Tisch und zündeten sich Zigaretten an. In diesem Moment hätte ich viel dafür gegeben, auch rauchen zu können. Aber meine Mutter wusste immer noch nicht, dass ich rauchte. Das dachte ich zumindest. Ich blieb in der Küche stehen. Die beiden am Tisch sagten kein Wort. Die Luft war zum Schneiden. Als der Kaffee fertig war, brachte ich ihn mitsamt Tassen. Meine Mutter zeigte mir mit einem Blick, dass ich mich auch setzen sollte. Ich fühlte mich wie bei einem Verhör. Während sie ihren Kaffee umrührte, schaute sie uns abwechselnd an. Dann wollte sie wissen, wie lange das mit uns schon ging. Ich wollte antworten, doch sie fuhr mir über den Mund: »Wir zwei reden später, jetzt rede ich mit dem jungen Mann.« Sie fragte ihn, wer er war, was er von mir wollte, wie alt er war und so weiter. Ich wusste kaum noch, wo ich hinschauen sollte. Ob er vorhabe, weiterhin mit mir zusammenzubleiben, war die abschließende Frage meiner Mutter. Als er dies bejahte, war sie vorerst fertig mit ihm. Den Kaffee hatten sie inzwischen beide ausgetrunken. Höflich aber bestimmt verabschiedete sie meinen Freund. Er war sichtlich erleichtert, aus dieser Situation zu entkommen. Als er weg war, schenkte sich meine Mutter eine frische Tasse Kaffee ein. Dann schlug sie wortlos die Bettdecke zurück. Zum Vorschein kamen ein zerwühltes Leintuch mit einem winzigen Blutfleck darauf und ihre feine Wäsche, die ich benutzt hatte. Ich saß mit einem Kloß im Hals und hochrotem Kopf da. Einerseits glühte ich, weil ich den Blutfleck erst jetzt erblickte. In der Nacht hatte ich ihn nicht gesehen. Ich war also doch entjungfert worden, auch wenn ich es gar nicht wirklich gespürt hatte! Andererseits schämte ich mich für die Situation. Meine Mutter sollte doch erst morgen kommen! Immer noch wortlos begann meine Mutter, das Bett abzuziehen. Als sie ihren neuen Seidenpyjama zusammenlegte, entdeckte sie darauf ein Brandloch von einer Zigarette. Ich konnte mir nicht erklären, woher es kam. Es tat mir wirklich leid, ich wollte ihr nichts kaputt machen. Als sie fertig war, setzte sie sich. Sie zündete sich eine Zigarette an. Sehnsüchtig blickte ich auf die Schachtel. Da nahm sie die Zigaretten und hielt sie mir hin. Ich war baff und schüttelte den Kopf. Sie lachte nervös und meinte: »Sag mal, Mädchen, für wie blöd hältst du mich eigentlich? Denkst du wirklich, ich hätte nicht mitbekommen, dass du rauchst? Glaubst du, ich hätte nicht bemerkt, dass du mir Zigaretten klaust und sie heimlich draußen auf dem Balkon rauchst?« Wieder wurde mir heiß. Sie durchschaute mich voll und ganz, ich konnte ihr nichts vormachen. Ich blickte zur Seite.

Dann legte sie richtig los: Wenn ich schon glaubte, in meinem Alter in der Gegend »herumbumsen« zu müssen, sollte ich das gefälligst anderswo machen als in ihrem Bett. Sie fragte, ob ich mich wirklich für alt genug hielte, so etwas schon zu tun und ob ich wenigstens daran gedacht hatte zu verhüten. Und noch vieles andere warf sie mir an den Kopf. Sie war wirklich stinksauer. Ich bekam eine ganze Woche

Hausarrest und musste die komplette Wohnung putzen. Ich glaube, am liebsten hätte sie mich mit der Zahnbürste den Boden schrubben lassen.

Dadurch bekam ich den Eindruck, dass das, was wir getan hatten, eine schmutzige Sache gewesen war. Meine Einstellung zum Thema Sex wurde immer widersprüchlicher. Auf der einen Seite war in allen Zeitungen zu lesen, dass es das Schönste auf der Welt war, auf der anderen Seite wurde mir vermittelt, dass es schmutzig und anrüchig war. Meine erste Erfahrung, die ich selbst gewollt hatte, hinterließ in mir den Eindruck, dass es vor allem für die Männer wichtig war und ihnen Spaß bereitete.

Als ich einige Zeit später mit Petra über das Thema redete, sagte sie zu mir: »Für Sex kriegst du von den Typen alles, was du willst. Mach deine Beine breit, und sie lieben dich. Wenn du das für sie tust, kriegst du alles von ihnen: Geld, Klamotten, Schmuck, sie zahlen dir den ganzen Abend, kein Problem.« Meine Vorstellung von Sex war zu diesem Zeitpunkt in etwa so: Sex ist etwas, was zwar jeder tut, aber immer nur versteckt. Es ist in erster Linie ein Vergnügen für die Männer und für die Frauen ein Mittel zum Zweck. Dieses Bild sollte mich die nächsten Jahre begleiten.

Den Rest der Ferien verbrachte ich in der Wohngemeinschaft, in der meine Mutter arbeitete, und mit meinem Freund. Wir hatten nun regelmäßig Sex miteinander, mir war es irgendwie gleichgültig, und er war meistens schnell fertig.

Der Sommer neigte sich dem Ende zu, und Anfang September, an dem Tag, an dem ich meine Nachprüfungen in Latein und Englisch hatte, starb meine Uroma. Ich erfuhr es mittags von meiner Mutter, als ich zwischen den mündlichen und schriftlichen Prüfungen Pause hatte. Mir war es egal, ob ich durchkommen oder sitzen bleiben würde, ich wollte sowieso mit 15 Jahren anfangen zu arbeiten. Bei der Prüfung rasselte ich natürlich durch. Die Lehrer empfahlen mir ein zehntes freiwilliges Schuljahr auf der Hauptschule, damit ich einen ordentlichen Schulabschluss hatte. Meine Mutter und ihr Freund, den sie schon länger hatte, als ich dachte, drängten mich auch dahingehend, und so willigte ich ein, dieses zusätzliche freiwillige Schuljahr zu machen. Der Freund meiner Mutter war ein sehr angenehmer und gepflegter Mann. Er war der Vater einer Freundin von mir, und sein Sohn war einer meiner ersten Verehrer gewesen. Er hatte mir damals, als ich etwa zwölf Jahre alt war, Liebesbriefchen geschrieben. Sein Vater war mittlerweile auch geschieden, und die drei Kinder lebten bei der Mutter. Ich mochte den Freund meiner Mutter gern, und er kam uns auch immer wieder besuchen. Meine Mutter und er planten, nach Wien zu gehen, um dort gemeinsam neu anzufangen. Er hatte ein gutes Angebot von seiner Firma bekommen, und der Umzug war für das Frühjahr geplant. Auch dies wurde mir an dem Tag, an dem meine Uroma starb, zum ersten Mal erzählt. Abends ging ich ins Bett und suchte mir einen Stern am Himmel aus. Auf diesem Stern platzierte ich dann meine Uroma. Seither ist sie immer für mich da, wenn ich sie brauche. Ich beschloss, keinesfalls nach Wien mitzugehen. Ich wollte anfangen zu arbeiten und mein eigenes Leben aufbauen.

Erkenntnisse • Rückschlüsse

Hier wird nun deutlich, wie wichtig es ist, mit Kindern schon früh offen und ehrlich das Thema Sexualität zu besprechen. Bei den Mädchen wie auch bei den Jungen gibt es verschiedene Altersstufen, in denen sie sich selbst und das andere Geschlecht entdecken.

Das fängt bereits in der »oralen Phase« der Babys an. In dieser Zeit spielen Körpergeruch und Körperkontakt eine sehr wichtige Rolle. Alles, was mit dem Körper zu tun hat, wird von den Babys bereits erkannt. In dieser Zeit ist das natürlich vor allem der Körper der Mutter, oder von jeder anderen Bezugsperson.

Danach kommt die Zeit, in der das Kind beginnt, sich selbst zu entdecken. Kinder im Alter zwischen zwei und vier – manchmal auch länger – genießen es, sich an ihren Geschlechtsteilen zu entdecken. Sie empfinden dabei schon ein Wohlgefühl, wie auch erwachsene Menschen mit einer gesunden Sexualität. Wird das Kind in dieser Zeit durch Ermahnungen wie zum Beispiel »Igitt, das ist eklig!« oder »Dort greift man nicht hin!« immer wieder mit Ablehnung seiner Handlung bedacht, kann das auf die weitere Entwicklung mitunter starke Auswirkungen haben.

Danach, oder auch noch zeitgleich, folgt die Phase, in der Kinder das andere Geschlecht entdecken. Je offener innerhalb der gegebenen Möglichkeiten mit Nacktheit umgegangen wird, desto einfacher ist es für das Kind. »Doktorspiele« zwischen Jungen und Mädchen gehören zur Entwicklung dazu. Wenn zwei Kinder im Alter von drei bis fünf Jahren solche Spiele machen, sollte vonseiten der Eltern die Gelegenheit genutzt werden, die Kinder altersgerecht aufzuklären. Es gibt heute auch schon vielfältige Literatur für die sexuelle Aufklärung von Kindern ab vier Jahren.

In der daran anschließenden Phase halten sich Mädchen und Jungen überwiegend in getrennten Gruppen auf. Diese Zeit beginnt meistens mit dem Eintritt in die Grundschule, zumindest bei uns in Europa. Dann beginnen Mädchen und Jungen, sich mit ihrem eigenen Geschlecht zu messen. Sie entwickeln ihre »Instinkte« und ihr »Rollenverhalten«.

Es ist nun ausschlaggebend, was den Kindern vermittelt wird, wie Frau oder Mann zu sein haben. Entscheidend ist auch, wie sich dies mit dem verträgt, was sie täglich erleben. Die Zeit, die die Kinder in der Schule verbringen, macht einen großen Teil ihres jungen Lebens aus. Sie machen täglich tausende Erfahrungen, nehmen Eindrücke auf und erhalten Aufgaben. Je schneller die Welt sich dreht, desto mehr müssen unsere Kinder lernen. Und die Rollenbilder, die sie wahrnehmen, stammen heute leider sehr oft aus anderen Quellen als von Vater und Mutter. In der Grundschulzeit wird bei Kindern oft der Grundstein für ihr späteres Verhalten innerhalb der Geschlechterrollen gelegt. Es liegt an uns, was wir den Kindern weitergeben wollen. Und erinnern wir uns noch einmal daran, dass Kinder zu 80 Prozent aus dem lernen, was sie sehen, und viel weniger aus dem, was wir ihnen sagen! Kinder werden in unserer Zeit ständig und beinahe überall mit Sex konfrontiert. Es gibt erotische Werbeplakate und oft schon am Vormittag Sexszenen im Fernsehen, der Gebrauch von »Kraftausdrücken« wie Wichser, Schwuchtel, Nutte, ficken usw. ist, wie ich aus eigener Erfahrung weiß, schon in der Grundschule an der Tagesordnung. Oft genug habe ich Situationen erlebt, in denen mir beinahe die Luft weggeblieben ist.

Wenn wir bedenken, dass Kinder, die ihren Eltern vertrauen, meist von selbst anfangen zu fragen, ist es besonders wichtig, dass wir ihnen ihrem Alter entsprechende, ehrliche Antworten geben. Wenn mich mein Siebenjähriger also fragt, was ein Wichser ist, erkläre ich ihm, dass dieser ein Mann ist, der mit seinem Penis spielt. Als Elternteil bin ich am besten in der Lage zu entscheiden, wie genau ich so etwas meinem Kind erklären kann und will. Immer ehrlich zu sein, das ist wichtig. Die Geschichten von Bienchen und Blümchen sind heutzutage nicht mehr angebracht.

Ebenso wichtig ist es auch, einem Kind zu erklären, dass es normal ist, mit dem eigenen Körper zu spielen, sich selbst zu streicheln und sich selbst liebzuhaben. Ein flüchtiger Bekannter hat dazu einmal einen Satz gesagt, der mir in Erinnerung geblieben ist: »Selbstbefriedigung ist Liebe an und für sich.« Wenn ich dem Kind erkläre, dass es in Ordnung ist, seinen eigenen Körper zu liebkosen, stärke ich sein Körperbewusstsein und die Eigenliebe. Gleichzeitig kann ich dem Kind aber auch vermitteln, dass keine andere Person, nicht einmal ein Elternteil, das Recht hat, gegen den Willen des Kindes seinen Körper zu berühren.

Die letzten Tage meiner Kindheit ...

Ich ging nun also in die vierte Klasse einer Hauptschule, zumindest offiziell. Inoffiziell tat ich, was ich wollte. Manchmal ging ich zur Schule, aber immer häufiger ging ich zu meiner Freundin Petra. Wir lungerten in der Stadt herum, und manchmal gingen wir auch zum Arbeitsamt, um für Petra, die schon 15 war, Stellenangebote durchzusehen. Aus Spaß meldete ich mich für einen Berufseignungstest an. In der Nähe des Arbeitsamtes gab es ein Haus, das »Jugend am Werk« hieß. Dort konnten junge Menschen, die ihre Pflichtschulzeit hinter sich hatten, aber noch keine Lehrstelle hatten, vorübergehend arbeiten. Man konnte in verschiedene Berufe hineinschnuppern: Tischler, Schlosser, Drechsler usw. Ich ging gern dort hin. Es machte mehr Spaß, als in die Schule zu gehen, und für kleine Werkstücke bekamen wir manchmal sogar ein bisschen Geld.

Mein Berufseignungstest dauerte einen ganzen Tag: vier Stunden am Vormittag und vier am Nachmittag. Mir wurden alle möglichen Aufgaben gestellt: Mathe, Deutsch, Logik, Auffassungsvermögen usw. Bei allen Aufgaben wurde die Zeit gestoppt. Als ich fertig war, musste ich circa eine halbe Stunde warten, bis der Prüfer kam und mich in sein Zimmer holte. Er saß an seinem Schreibtisch und schaute mich lange schweigend an. Dann seufzte er und meinte: »Du hast insgesamt mit 98 Prozent abgeschnitten, das ist weit über dem Durchschnitt!« – »Und was bedeutet das jetzt?«, fragte ich. »Na ja, egal was du machen willst, dir stehen alle Türen offen, am besten gehst du studieren.« Nun, das war nicht gerade die Antwort, die ich hören wollte. Ich wäre zwar immer gern Lehrerin geworden, aber ich wollte keinesfalls noch länger bei meiner Mutter zu Hause bleiben. Ich wollte etwas mit meinen Händen tun, arbeiten – richtig arbeiten. Damals dachte ich mir, dass richtige Arbeit nur mit den Händen geschah und nicht mit dem Kopf. Und vor allem wusste ich, dass mein Wunsch, Lehrerin zu werden, etwas war, was ich mir immer als eine »Wenn-ich-dann-die-Matura-mache-Situation« vorgestellt hatte. Zunächst wollte ich einfach nur körperlich arbeiten.

Der Herbst ging in den Winter über und mein 15. Geburtstag rückte näher. Bisher hatte meine Mutter noch nicht bemerkt, dass ich kaum zur Schule ging. Weil ich nicht mehr schulpflichtig war, musste mein Fehlen zu Hause auch nicht gemeldet werden. Mit dem Winter wuchs das Angebot an Saison-Arbeitsplätzen. Nicht lange, und Petra fand eine Anstellung in einem Nobel-Wintersportort in der Region. Ich fuhr mit ihr hinauf nach Lech. Das Dorf selbst bestand nur aus Hotels. Ich kann mich nicht daran erinnern, irgendwo ein einfaches Einfamilienhaus gesehen zu haben. Dort herrschte eine Kälte und Unnahbarkeit, die mich frösteln ließen. Dazu waren der ganze Pomp und Luxus für mich abschreckend. Petra fühlte sich aber sichtlich wohl. Sie verstand sich gut mit ihren Chefs, und so wurde schnell vereinbart, wann sie anfangen würde zu arbeiten. Eingestellt wurde sie als Kindermädchen für die Kinder der Hotelbesitzer. An diesem Tag versäumten wir den letzen Bus zurück ins Tal. Wir mussten ziemlich weit laufen, bis uns ein Auto mitnahm. Spät am Abend kam ich erst nach Hause. Meine Mutter war nicht zu Hause, also ging ich gleich nach oben auf den Dachboden, wo ich meine Matratze hatte, und legte mich zum Schlafen hin. Es war Anfang Dezember und bald würde ich 15 werden. Für mich war das ein magisches Datum, weil ich ab diesem Zeitpunkt arbeiten durfte. Petra und ich vertrieben uns weiterhin die Zeit in der Stadt, und ein paar Tage vor Weihnachten sah ich sie zum letzen Mal. Ich begleitete sie zu ihrem Bus nach Lech, dann verabschiedeten wir uns voneinander. Wir machten aus, dass sie sich, wenn sie frei hatte, bei mir melden würde und dass ich sie in Lech besuchen würde. Dazu kam es allerdings nicht mehr. In der ersten Januarwoche, kurz vor Ferienende bekam auch ich eine Zusage für eine Stelle. Ich sollte in Gaschurn, einem anderen Wintersportort bei uns in der Region, als Zimmermädchen in einem Sanatorium anfangen – am besten sofort.

Mit gemischten Gefühlen ging ich zu meiner Mutter. Sie wusste ja nicht, dass ich mich schon seit Wochen, anstatt in die Schule zu gehen, nach Arbeit umschaute. Ich kam also in unsere Wohnung und setzte mich zu ihr an den Tisch: »Mami, kannst du mir bitte Geld leihen und eine weiße Schürze? Ich werde heute noch in einem Sanatorium im Montafon anfangen zu arbeiten.« Völlig entgeistert blickte sie mich an. »Wie stellst du dir das vor? Was hast du mit der Schule vor? Wie kommst du überhaupt auf solch eine Idee?«, fragte sie mich.

Ich erzählte ihr von dem Berufseignungstest, von »Jugend am Werk« und dass ich schon seit Wochen nicht mehr zur Schule sondern regelmäßig zum Arbeitsamt ging. Ich erklärte ihr, dass mein Entschluss feststand, dass sie mich nicht umstimmen könnte und dass ich auch ohne ihre Hilfe noch am selben Tag fahren würde. Sie sagte nichts mehr. Wie ferngesteuert stand sie auf, ging zu ihrem Kleiderschrank, nahm eine weiße Schürze heraus und gab sie mir zusammen mit 200 Schilling.

Ich bedankte mich bei ihr und versprach, das Geld von meinem ersten Lohn zurückzuzahlen. Dann nahm ich eine Reisetasche und packte die wenigen Dinge, die mir gehörten, zusammen. Als ich fertig war, saß meine Mutter wie versteinert am Tisch und rauchte eine Zigarette. Ich ging zu ihr hin und wollte mich verabschieden, sie reagierte aber nicht auf mich. So nahm ich also meine Tasche und ging: hinaus aus meiner Kindheit, hinaus aus dem Leben mit meiner Mutter, hinein in das Abenteuer, das sich eigenständiges und selbstverantwortliches Leben nennt.

Ein bisschen mulmig war mir schon zumute. Schließlich wusste ich überhaupt nicht, was mich draußen erwarten würde. Aber dennoch war ich erleichtert, diesen Schritt gemacht zu haben. Ich hatte mit dem, was war, abgeschlossen, und ich wusste, was ich in meiner Zukunft nicht mehr brauchen würde. Zumindest dies hatte ich in meiner Kindheit gelernt – und das sollte mir in meinem weiteren Leben noch oft zugute kommen.

Nachwort

Ich habe versucht, in diesem Buch einen Teil meines Lebenswegs zu beschreiben und gleichzeitig darzustellen, wie ich dieses Leben trotz aller Probleme bewältigt habe. Die angeführten »Erkenntnisse • Rückschlüsse« stammen aus meinen Erfahrungen, die ich gemacht habe, als ich als erwachsene Frau anfing, meine Kindheit aufzuarbeiten.

Heute bin ich seit 13 Jahren glücklich mit meinem Mann Marcel verheiratet, und wir haben gemeinsam drei Söhne. Unser dritter Sohn Jeramis kam 2005 zur Welt. Dies brachte eine Schreibpause mit sich. Daher spreche ich in diesem Buch nur von zwei Söhnen, denn es wurde größtenteils geschrieben bevor Jeramis geboren war. Ich plane im Moment die Fortsetzung dieser Geschichte. Darin soll es vor allem um die Wirren der Jugendzeit und meinen Weg durch den Dschungel aus Berufsleben, Gesetzen, Drogen und Alkohol bis hin zu meinem heutigen Leben gehen.

In einigen meiner Erlebnisse kann sich der eine oder andere Leser vielleicht selbst wiederfinden, viele Menschen haben Ähnliches erlebt. Mein Leben ist nicht außergewöhnlicher als jedes andere Leben auf dieser Welt. Es ist einfach eine Geschichte, mit der ich zeigen möchte, dass es immer darauf ankommt, was man selbst aus den Umständen, die einem im Leben begegnen, macht. Alle, die bis hierher gelesen haben, möchte ich auffordern, ihr eigenes Leben zu reflektieren. Denkt darüber nach, inwieweit ihr ihr selbst seid und ob ihr das wirklich selbst seid oder ob euch dies nicht eher mitgegeben, anerzogen, auferlegt, zugefügt usw. wurde.

Alle Rituale und Zeremonien, die ich beschreibe, habe ich selbst auf meinem Lebensweg schätzen und kennengelernt. Ihre Wirksamkeit, alte Wunden zu erkennen und damit auch die Sichtweise dahingehend zu überdenken und heilsam einzusetzen, habe ich an mir selbst erfahren dürfen.

Danksagung

Ich möchte mich an dieser Stelle bei einigen Menschen bedanken, ohne die dieser Text nie aufs Papier gekommen wäre:

Meinem Mann Marcel möchte ich für seine Art, das Leben zu leben, danken. Dadurch ermöglicht er mir meine Art, das Leben zu leben.

Meinen Kindern danke ich dafür, dass sie mich in diesem Leben als ihre Mutter ausgesucht haben. Sie sind Tag für Tag meine Lehrer auf meinem Weg zu mir selbst.

*J*eanne Ruland danke ich für ihre Hartnäckigkeit und ihren Glauben an dieses Buch. Ohne sie hätte ich bis heute wohl keine Zeile geschrieben.

*M*anuela, Wenni und Diana danke ich für das Durchlesen eines Teils dieser Geschichte und die anschließende Forderung weiterzuschreiben.

*I*ch danke meinen Ahnen und Verbündeten sowie meinen weltlichen Lehrern für alles, was ich durch sie erfahren durfte, und für alles, an was sie mich erinnert haben.

*U*nd ich danke den Schöpferkräften dafür, dass ich diese Welt aussuchen durfte, um zu lernen.

Von der Autorin erschienen ebenfalls im Schirner Verlag:

Sabrina Dengel

Im Bauch unserer Mutter Erde
Schwitzritual – Reinigungszeremonie – Neugeburt

ISBN 978-3-8434-3018-0
farbig mit zahlreichen Abbildungen, ca. 250 Seiten

Sabrina Dengel stellt dem Leser die historischen Hintergründe der Schwitzhüttenrituale, die vielfältigen Möglichkeiten zur Durchführung dieser uralten, kraftvollen Zeremonien sowie deren Einflüsse und Wirkungen auf Körper und Geist vor. Die Beschreibungen verharren dabei nicht, wie so oft, in Darstellungen der traditionellen indianischen Schwitzhüttenrituale. Stattdessen hat die Autorin die Schwitzrituale den Bedürfnissen und Problemen des modernen europäischen Menschen angepasst. Erlebnisberichte von Teilnehmern jeden Alters und von anderen Schwitzhüttenleitern runden die umfassenden Informationen zu diesem Themengebiet ab.

Jeanne Ruland, Sabrina Dengel,
Diana Holzschuster

Elfenkraft-Kochbuch
Kochen im Einklang mit der Natur

ISBN 978-3-89767-324-3
farbig mit zahlreichen Abbildungen, 224 Seiten

Ein Buch, so vielfältig und verspielt wie das Reich der Naturgeister! Mit zahlreichen Naturkost-Rezepten, Erläuterungen natürlicher Rhythmen und Gesetzmäßigkeiten sowie Tipps für Reisen mit Feen und Elfen in das Andersreich.